張婉宜 編著

忙碌的父母們，
錯過孩子的成長
是一件多麼可惜的事。

再忙，
也要一起陪孩子

完成的 **34** 件事

再忙，也要一起陪孩子完成的**34**件事

~前 言~

親子一同成長，就要跟孩子一起聊天。

很多父母發現孩子不聽話，但朋友的話反而聽得進去。其實，不是父母不夠愛孩子，照顧得不夠巨細靡遺，而是與孩子缺乏交流的緣故。大人總覺自己忙，不知道孩子的心那麼細膩，那麼孤獨，尤其是獨生子女，天天困在家裡，內心更加孤獨。如果父母多注意與孩子加強溝通，孩子就能更容易接受父母的教育，如此才可以事半功倍。

親子一同成長，就要培養孩子的獨立能力。

作為父母，不能過分溺愛子女，「飯來張口，茶來伸手」是絕對不可取的。應培養獨立能力，無論是學習或生活，都不要有依賴心理。學習上，如遇到難題，要讓孩子獨立思考；生活上，孩子自己能做的事情就讓他自己做，讓孩子體驗親力親為，享受自己做事的成果，體會到父母養育自己的艱辛，體恤父母。

成長只有一次啊！忙碌的父母們，錯過孩子的成長是一件多麼可惜的事。現在開始，站在孩子身旁，從孩子的高度看看世界，在他們成長的足跡旁，留下自己的腳印。

PART 1
建構和諧人際一定要做的事

PART 2
打造完美性格一定要做的事

PART 5
充實豐富生命一定要做的事

再忙，
也要一起陪孩子

完成的**34**件事

PART 1

建構和諧人際一定要做的事

觀察一下自己：

你是否經常不分場合、不由分說地責備孩子嗎？

你經常猜疑孩子的行為嗎？

你經常不理會孩子想要溝通的意願嗎？

你經常不原諒孩子的錯誤嗎？

你經常記恨曾經傷害過你的人嗎？

現在你必須這麼做：

用寬容，構造一個向善的人際世界；用愛心，譜寫一曲愛的和諧之音；用關心，創造一個幸福的心靈世界；用溝通，營造一種和諧的人際氛圍。

01

收起話中的刺，給足他人面子

收起話中的刺，學會欣賞別人，才能使身邊的人喜歡你，更願意接近你。

談話，如果視為藝術的話，不可諱言它擁有迷人的美感與魅力。古今中外的偉大人物，多半努力練習過口才這門藝術。因為他們努力學習的結果，才使自己成為辯才無礙的的演說家、

操縱話語的高手。他們豐富的想像力，和煽動性極強的談吐，贏得了大眾的擁戴，說話的技巧成為他們征服人心，獲得事業成功的絕佳手段。他們當中，有些人的談話錄，早已成為不朽的典範之作，歷來為人們所景仰拜讀。

令人景仰的國家領導人或宗教領袖們，比如：國父孫中山先生，慈濟證嚴上人，說過的話都曾經出版印行，傳頌千里。談話亦是興邦救國的重要手段，「一言以興邦，一言以喪邦」，「三寸之舌，可抵百萬之師」說的就是這個意思。春秋戰國的年代動亂紛爭，產生了諸子百家，他們好似外交戰場上舌戰群雄的談話鬥士，言談間，強虜灰飛煙滅，國家興亡唯繫一身。司馬遷《史記・蘇秦列傳》便是記錄著名遊說家蘇秦的雄奇經歷。蘇秦主張六國聯合抗秦。公元前 333 年，蘇秦來到趙國，對趙肅侯說：「臣竊以天下之地圖案之，諸侯之地五倍於秦，料度諸侯之卒十倍於秦，六國為一，併力西鄉而攻秦，秦必破矣。今西面而事之，見臣於秦。夫破人之與破於人也，臣人之與臣於人也，豈可同日而論哉！」這段話堪稱翹楚！

除了外交的功能，談話還能締造友情、緊密親情、尋覓伴侶、調和關係等等，是人際交往中最不缺少的工具。

　　學會說話，非常容易；兩歲以上的孩子自然而然就學會說話了，但是學會說別人愛聽的話，可不是一件容易的事。我常常譴責自己不會說話，確切的說是不會美化實際狀況。在生活中，學會說讓別人愛聽的話至關重要，當然也是不容忽視的。難怪台灣著名成功學家林道安說：「一個人不會說話，那是因為他不知道對方需要聽什麼樣的話；假如你能像一個偵察兵一樣看透對方的心理，你就知道說話的力量有多大了！」的確，「說話的力量」是巨大的。

　　有些人擁有一張好似燙金招牌的文憑和吃苦耐勞、任勞任怨的精神，工作能力也極強，但是就因為不會說話，或者是不會說別人愛聽的話，最後總是讓自己過得氣喘吁吁；相反，有些人沒有好文憑，工作能力也只是一般水準，但生就了一嘴好口才，做什麼事情也就跟著順順利利。這種對比，有著無數事實佐證。說話的藝術往往不是學校教的，而是要靠自己的一天一天地感知、學習，才能夠真正頓悟領會。

　　我們每天和同事、長官、朋友之間難免都會交談。說什麼、怎麼說，什麼話能說，什麼話不能說，都應「講究」。在工作中「說話」也是一種藝術。很多時候，吃虧就是因為沒有掌握

住說話的藝術。

譬如說：同事穿了件新衣服，別人都稱讚「漂亮」、「越來越年輕」等。但是當別人問到你的感覺如何時，如果你直接回答說：「妳身材太胖，不適合。」或者說：「這件衣服的顏色不襯妳的膚色。」這話一出口，不僅搞得當事人很不高興，而且連原先讚美她的同事也覺得很尷尬。儘管你說的是事實，可是表達得太直了，缺乏技巧。所以能否在交談中收起話中刺，也可說是能力的表現。

美國總統柯林頓有一次告訴他的女祕書：「妳這件衣服很漂亮，妳真是一個迷人的小姐。只是，我希望下回妳幫我打文件時可以注意一下標點符號，如果妳打的文件像妳一樣可愛就好了。」女祕書對這次批評印象非常深刻，從此打文件就極少出錯了。

說話也是一門藝術。所謂「良言一句三冬暖，惡語傷人六月寒」，有很多人說過很多話，立足點和出發點本來是不錯的，但由於沒有注意到說話的藝術，往往導致無謂的誤解和爭端，甚至影響團結的氣氛。

就算只是與孩子的相處交往，也應該把持說話的藝術。

　　有一個女孩子六歲了，對彈琴非常有興趣，學習反應很好。鋼琴老師對她期望很高，要求女孩每天要練琴一到兩個小時。一直以來女孩都可以做到老師的要求，可是最近，她卻好像總是心不在焉的樣子，不是不肯練習，就是練習起來很不專心，老是彈錯。女孩的母親對她說：「做事要有恆心，要有毅力，像妳這個樣子，哪能成大器。」，可是女孩一點都聽不進去。其實這是母親說話的方式不夠好的關係。

　　父母的本意無論是想鼓勵孩子，還是想責罵孩子，在說話之前，都要三思而後行。說話的方式，直接決定了孩子是否願意將你的話聽進去。說話的方式是一種習慣，也是一種能力，其實道理很簡單：在說話之前，先在大腦裡想過一遍，用孩子的立場想一想，如果你能夠接受的話，再把它說出來。

　　有的父母可能會說：當面教子，背後教妻，許多人都這樣說呀！其實這話只對了一半。

　　背後教妻是正確的，妻子是成人，有獨立的人格，需要維護面子，如果真的有過失，應該避開眾人，私下溝通就好，夫妻感情也能更融洽。

　　可是孩子還不懂面子為何物，需要維護嗎？其實這是與生

PART 1
建構和諧人際一定要做的事

俱來的，孩子希望朋友尊重自己，更希望可以在朋友面前炫耀自己有一對通情達理、寬宏大量、善解人意、善於教育孩子的好父母。

「良藥苦口利於病，忠言逆耳利於行。」這話的確是真理。它告訴人們，要站在理智的角度，以較高的層次思考良藥與忠言的價值，能夠做到這樣的人並不容易，必須是悟性非常高的人才可以。

就像用糖衣裹著的藥丸一樣，這樣容易使人接受。所以，我們在改變他人的過程中，為什麼不研究一下「糖衣」該怎麼包裹，為什麼不想辦法使別人更容易接受勸告呢？

收起話中的刺，學會欣賞別人，才能使身邊的人喜歡你，更願意接近你，使朋友關係，同事關係甚至父子、母子關係更加親近。

02

相信別人，
把猜疑藏起來

有了信心才有愛，不善於信任別人的人，也就不善於愛人。

　　信任，就是令人相信並值得托付。倘若你遲遲不敢去信任一個人，那便永遠無法獲得愛的甘甜和人間的溫暖，你的一生也將會因此而黯淡無光。

　　當兩人能在並肩作戰中把背交給對方，那就是最高的信

任。信任是擁有生命的感覺，也是高尚的情感，更是連接人與人之間的安全繩。你有責任，有義務去信任另一個人，除非你能證實那個人不值得你信任；你也有權受到另一個人的信任，除非你已被證實不值得受人所信任。

《出師表》裡說：「親賢臣，遠小人，此先漢所以興隆也；親小人，遠賢臣，此後漢所以傾頹也。」諸葛亮利用兩種相反的結果，告訴我們對於所信任的對象，要有所選擇。這條賢臣與小人的定律同樣也可以應用到現代生活中。當然，沒有人會把「小人」或「賢臣」寫在臉上，我們必需用心去判斷。

信任，其實也是一種責任，把與他人的約定當做一件大事，那你也能做到「信任」二字的含義。

北人晏殊素以誠實著稱，他之所以樹立這樣的信譽，就是起因於一個有關信任的故事。從小聰明伶俐的晏殊，在 14 歲時，被人稱為神童並舉薦給皇帝。皇帝不但召見了他，還要他與一千多名進士同時參加考試。結果晏殊發現考試題目是自己10 天前才剛練習過的，就如實地向真宗稟報，並請求改換其他題目。宋真宗非常讚賞晏殊的誠實，便賜給他「同進士出身」的職位。

晏殊當職時，正值天下太平，京城內的大小官員經常到郊外遊玩或在城內的酒樓茶館舉行各種宴會。由於晏殊家貧，沒有太多的錢出去吃喝玩樂，只好在家裡和兄弟們讀寫文章。就因為真宗發現晏殊時常精進用功，所以當真宗在尋找輔佐太子讀書的東宮官時，晏殊就順理成章的升任了。大臣們知道後非常驚訝，不明白真宗為何做出這樣的決定。

真宗說：「近來群臣經常遊玩飲宴，只有晏殊閉門讀書，如此自重謹慎，正是東宮官合適的人選。」

晏殊謝恩後說：「我其實也是個喜歡遊玩飲宴的人，只是家貧無法負擔。若我有錢，也早就參與宴遊了吧。」這樣的坦誠，使晏殊在群臣面前得到聲望，而宋真宗也更加信任他了。

信任在這個世界上，是一種彌足珍貴的東西，沒有人用金錢可以買得到，也沒有人可以用利誘或武力爭取得到。它來自於一個人的靈魂深處，像是活在身體裡的清泉，可以拯救靈魂，滋養品格，讓心靈充滿純潔和自信。

《郁離子》中記載了一個因失信而喪生的故事。濟陽有個商人正要坐船過河時，船卻突然沉了，他抓住一根大麻桿大聲呼救。有個漁夫聞聲而至。

商人急忙喊：「我是濟陽最富有的富翁，你若能救我，我就給你 100 兩金子」。

待被救上岸後，商人卻翻臉不認帳了，他只給了漁夫 10 兩金子。漁夫責怪他不守信，出爾反爾。

富翁說：「你只是一個漁夫，一輩子加起來都賺不到幾個錢，現在突然得到 10 兩金子還不滿足嗎？」漁夫只得怏怏而去。

不料，後來那富翁又一次在原地翻船了。商人又用同樣的方式大聲呼救，有人聽到了便要去救他，剛好那個曾被他騙過的漁夫就在船上，於是告訴大家：「他就是那個說話不算數的傢伙！」於是商人就這樣淹死了。

商人兩次翻船都遇到同一漁夫是偶然的，但商人不得好報卻是在意料之中。因為一個人若三番兩次不守信，便會徹底失去別人對他的信任。所以，一旦他處於困境，便再也沒有人願意出手相救。失信於人者，一旦遭遇困難，只有坐以待斃。

跟信任相反的，就是猜疑。猜疑就是沒有根據地懷疑別人。有一則很有趣的故事。有個樵夫不小心弄丟了自己的斧頭，他懷疑是鄰居偷的，於是他用心觀察，覺得鄰居走路、說話、神態都像是偷了他斧頭的小偷，而且越看越肯定。

　　沒想到不久後，他在自己床底下找到了斧頭，這時再去觀察鄰居，覺得他說話、走路、神態全然不像小偷的樣子。

　　這位樵夫之所以會對同一個人作出兩種截然不同的判斷，正說明猜疑是一種主觀的想像和推測，並非以客觀事實為依據的。

　　猜疑心重的人，心理常常不夠健康、心胸狹窄；思想方法主觀，習慣戴著「有色眼鏡」看待人、事；缺乏自信，在乎別人對自己的評語；聽信流言，沒有經過調查分析，就對事情產生疑慮……

　　猜疑是人際關係的大敵。它會破壞朋友間的友誼，疏遠同學間的關係，無端地挑起彼此間的矛盾糾紛，也很容易影響自己的情緒。生活在猜疑中的人，總是鬱鬱寡歡，內心無法平靜。

　　《紅樓夢》中的林黛玉，就是個疑心病很重的人。她本來身體就弱，加上常常在猜疑中度日，使自己情緒沮喪，總是暗自垂淚，結果身心俱疲，很年輕就過世了。

　　因此從小時候就要教育孩子，首先要開闊自己的心胸，加強自身的修養，培養開朗、豁達、大度的性格。如果有需要澄清的事實，誠懇地和別人交換意見；只是雞毛蒜皮的小事，就

不要過分計較，不必過分在乎別人的態度與說法。「平時不做虧心事，半夜不怕鬼敲門」，都是鼓勵人們要心胸坦蕩、豁達開朗。

人生在世，難免受他人的議論，只要時時檢點自己的行為，相信別人也不會太跟自己過不去。相反地，如果一切都要按照別人意思去做，日子不就太痛苦了？對似是而非的流言，不要輕易聽信，要用理智去分析對待，靜觀事情的變化，千萬不要感情用事。

有的人一聽到跟自己相關的流言，就暴跳如雷，迫不及待地找上門去講理爭辯。殊不知沒有經過求證，想討公道也找錯了對象，反倒使自己陷入尷尬的境地。

避免無端地猜疑別人，也要理智、冷靜地對待別人的猜疑，這就是我們應保持的正常心態。

人活在世上就需要信任旁人，這就像人都需要空氣和水一樣，我們如果不信任別人，對人就無法誠懇。總是戴了假面具不能對人坦白，其實是一種極大的約束！一天到晚總是忙著提防別人，只會會害得自己腦筋癱瘓。

所以說，要想受人愛戴，就得先從信任他人做起。「有了

信心才有愛，」心理分析專家弗洛姆説，「不善於信任別人的人，也就不善於愛人。」

相信你的孩子，使他明白不懂得信任他人，就根本沒有機會做大事。請記住愛默生的話：「你可以信任別人，別人才會對你忠實。以偉人的風度待人，別人也才能對你表現出偉人的風度。」

03

學習溝通之道，認真聆聽

最有價值的人，不一定是最能說的人。老天給我們兩隻耳朵一個嘴巴，本來就是要我們多聽少說的。

「溝通」是一門學問，也是進入社會必備的技巧。不懂得溝通，就跟不上時代的腳步。想要成功，就必須精通溝通的技巧。溝通不完全跟說話有關，認真聆聽也是一種有效的溝通方

式，善於傾聽也是為人的基本特質。

　　有人曾斷言：「就算有人可以不被任何讚美所迷惑，也會被專心聽他說話的人所迷惑。」專心一意地傾聽他人講話，比起滔滔不絕地向對方灌輸你的高見，更能為人帶來滿足感。心理學家弗洛伊德說過：「人們都想談論自己的事情，希望別人來傾聽他們。這樣做，不僅能夠讓自己得到寬慰，有時能還能夠救自己一命。」正因為如此，弗洛伊德創立了「即刻治療法」，傾聽患者講述內心各種感受和經歷，並讓他們自由表達自己的思想。這種療法開闢了心理學的新時代。

　　透過傾聽對方的談話使對方感到滿足，此時他們的反應往往是愉悅而積極的。此時你所要進行的說服工作，往往容易取得成功。著名美國保險事業經理人菲爾德曼便是運用傾聽的技巧，得以實現自己的成功。一般保險業務員的年營業額為 100 萬美元，而菲爾德曼的年營業額可以達到 6500 萬美元，是普通業務員的 65 倍！

　　關於自己的成功之道，他是這麼說的：「我只是對顧客的問題感興趣。我自認為，作為他們的傾聽者，我是世界第一，我不惜用全部的身心去傾聽他們講話。」可見傾聽在社交過程

中的魅力有多大。做一個好的傾聽者是你提高說服力，取得社交成功的一個重要途徑。

　　古時候有個小國的使者拜訪中國，進貢了三個一模一樣的金人，看著雕工細緻金碧輝煌的小金人，皇帝高興極了。可是這小國的使者在獻上金人的同時，還出了一道題目：「強大的中土素以文化著名，敝國國王想出個題目考考皇帝，請問這三個金人哪個最有價值？」

　　皇帝想了許多的辦法，請來珠寶匠鑑賞、稱重量、評估製造技術，除了在耳朵上面的通氣孔稍有不同，三件物品在品質和藝術價值上都是一模一樣的。怎麼辦呢？使者還等著回去匯報呢。像這樣的泱泱大國，該不會連這種小事都不懂吧？終於，有一位退休老大臣提出了一個辦法……

　　於是，皇帝將使者請到大殿來。老臣胸有成竹地拿著三根稻草，插入第一個金人的耳朵裡，這稻草從另一邊耳朵出來了；第二個金人的稻草從嘴巴裡直接掉出來；而第三個金人，稻草穿進去後直接掉進肚子，表面看起來什麼動靜也沒有。老臣說：第三個金人最有價值！使者默默無語，答案正確。

　　這個故事告訴我們，最有價值的人，不一定是最能說的人。

老天給我們兩隻耳朵一個嘴巴，本來就是要我們多聽少說的。善於傾聽，才是人最基本的素質。喋喋不休的人不見得不善良，只是常常不受歡迎。

說話的人對於自己的需求要比對你的需求感興趣千百倍。如果你想要別人對你有好感，便要記住這一點。做一個好的傾聽者，鼓勵別人多談談他自己。

幾年前，紐約電話公司接到了一個客戶，毫無理由地對接線生大發脾氣，他認為電話公司要用戶付那麼多的費用根本就是敲竹槓。這個人滿腔怒火，揚言要打官司伸張正義。最後，電話公司派了位最幹練的調解員去見那位無事生非的人，這位調解員靜靜地聽著，讓那個暴怒的用戶把一切的不滿淋漓盡致地發洩，並且不時說：「是的。」對他的不滿表示同情。

這位調解員總共見過他四次面，每次都整整聽了三小時。第四次會面時，客戶說要成立一個「電話用戶保障協會」，調解員立刻贊成，並表示一定會成為這個協會的會員。客戶從未見到過一個電話公司的人和他用這樣的態度和方式講話，他漸漸地變得友善起來。並就在第四次會面結束的時候，事情獲得完全的解決，客戶不但照付了費用還撤銷了所有相關的申訴。

無疑,那位用戶自認為是在主持正義,在維持大眾的利益,事實上他只是喜歡被當成一個重要人物的感覺。一旦他真的得到這種對待,那些無中生有的牢騷也就化為烏有了。正是因為調解員耐心地聽他發火並對他有求必應,開始讓他感覺到電話公司看待自己像是一位重要人物,因此停止了無理取鬧的行為。

韋恩是羅賓見過最受歡迎的人了,無論任何聚會,他總是受到主辦單位熱情的邀請。無論聚會、午宴、扶輪社的客座發言人、打高爾夫球或網球,經常都有人請他參加。

一天晚上,羅賓碰巧到一個朋友家參加一次小型社交派對,他發現韋恩和一個漂亮女孩坐在遠遠的角落裡。出於好奇,羅賓遠遠地注意了一段時間,羅賓發現那位年輕女士一直在說話,而韋恩好像一句話也沒說,只是有時笑一笑,點一點頭,僅此而已。幾小時後,派對結束,所有人也就各自回家了。

第二天,羅賓見到韋恩時禁不住問道:

「昨天晚上我在斯旺森家看見你和最迷人的女孩坐在一起。她好像完全被你吸引住了,你是怎麼讓她注意到你的?」

「很簡單。」韋恩說:「交談中我知道她剛從夏威夷回來,然後就找了一個安靜的角落,聽她談夏威夷談了兩個小時。」

結果第二天早晨美女打電話給韋恩表示說，很喜歡韋恩陪她說話，並很想再見到他。但說實話，韋恩整個晚上根本沒說幾句話。

看出韋恩受歡迎的祕訣了嗎？就是多讓對方談自己而已。他對每個人都這樣，總是對人說：「請告訴我這一切。」就這樣一句話，足以讓一般人激動好幾個小時，人們喜歡韋恩就因為受到了他的注意。

所謂沉默是金。有一回愛迪生想賣掉一項發明來建造實驗室，因為不熟悉市場行情，不知道能賣多少錢，愛迪生便與妻子商量。妻子當然也不知道這項技術究竟值多少錢，她想了想說：「隨便開個價錢吧，乾脆要 2 萬美元好了」。

「2 萬美元，太多了吧？」愛迪生笑著說。

幾星期後，一個商人聽說了這個消息，對購買這項發明非常有興趣。於是便去拜訪愛迪生，對這項採購進行討論，過程中商人也順道問了價錢。當時愛迪生因為妻子不在家，自己又打心底認為 2 萬美元太高了，不好意思開口。於是每次談到價錢，愛迪生只好沉默不語。

這位商人幾次追問，愛迪生始終不好意思說出口。最後，

商人終於耐不住性子了。「那我先出個價吧。10 萬美元,怎麼樣?」

愛迪生大喜過望,當場與商人拍板成交。

這個故事告訴我們,有時候,沉默可以給對方和自己都留點餘地。如果希望孩子能夠成為受歡迎的人,那就從訓練他們從傾聽開始:談話過程中,隨時都注視著說話的對方,注意力始終集中在對方談話的內容上,給予對方一個暢所欲言的空間,不搶話題,同時表現出認真、耐心、虛心的態度。不時給予贊同的微笑、肯定的點頭,或者手勢、身體語言等。只要記住,正面積極的反應,就是展現對談話內容和對象的興趣、接納與尊重。

04

對最難以拒絕的人說「不」

被拒絕的是別人的請託，而不是這個人，切忌透過第三者拒絕，這可能讓對方誤以為自己不夠誠懇。

說「不」是一種智慧，學會適時的說「不」，更是一種美麗。

你是不是有過這樣的經歷，明明心裡老大不願意，想對對方說「NO」，卻怎麼也沒辦法說出口，活生生地把這個字吞回

肚子裡，回家後越想卻越不對勁，老覺得當時應該拒絕他的。
「我怎麼這麼沒用，不敢說出真心話。」你自責不已，最後陷入不安與沮喪中，久久無法釋懷。

你為什麼無法說「不」？因為你不想得罪人！出入社會的新鮮人，臉皮總是很薄，從來不敢對人說不。其實，如果自己確有難處，或者是答應別人的要求對自己會造成很大的損失，背負很重的心理壓力，這種情況下，就該是說「不」的時候了。真正的學問在於，說「不」時要考慮對方的情感，盡量做到不傷害雙方的感情。

懂得說「不」的人才是真正有智慧的人。別人有事向你請求，被你拒絕已經很難過了，如果你還令對方失面子，那麼他們心中會產生不滿之情也是情有可原的。可是如果既對別人說了「不」，又不會使對方丟面子，對方可以非常體面地接受，結果可能會大不相同。

三國時期的華歆是孫權的手下，在當時非常有名望，曹操知道後，便請皇帝下詔召華歆進京。華歆啟程的時候，親朋好友千餘人前來送行，還送了他幾百兩的黃金和禮物。華歆不想接受這些禮物，但他覺得：如果當面謝絕肯定會使朋友們掃興，

傷害朋友之間的感情。於是他便暫時來者不拒，將禮物統統收下來。並在所收的禮物上偷偷記下送禮人的名字，以備原物奉還。

臨行前，華歆設宴款待眾多朋友，酒宴即將結束的時候，華歆站起來對朋友們說：「我本來不想拒絕各位的好意，卻沒想到收到這麼多的禮物。但是，匹夫無罪，懷璧其罪。我單車遠行，有這麼多貴重之物在身，難免有點危險。」

朋友們聽出了華歆的意思，知道他不想收受禮物，又不好明說，擔心讓大家沒面子，於是他們都各自取回了自己的東西，但內心裡對華歆的敬意更深了。

假使華歆在收到禮物的當下當面一一謝絕朋友們的饋贈，試想千餘人，不知道要推卻到什麼時候，也不知要費多少口舌，搞得大家都很掃興，使大家都非常尷尬。而華歆卻只說了幾句話便退還了眾人的禮物，又不傷害大家的感情，還贏得了眾人的嘆服，真可謂一箭三雕。

在他拒絕朋友時，沒有坦言相告，而是找了一個攜帶太多貴重物品對自己人身不安全的理由，雖然朋友們也都知道他是故意推辭，但不會因此發怒。因為華歆委婉地拒絕，保全了朋

友們的面子。

「不」字誰都會說，但怎樣說才能既不傷害對方，又不使自己為難，卻不是每個人都能做得到的。你是否希望有時能堅決說不？即使自己根本就沒有時間，很多人還是被迫同意每個請求，寧願竭盡全力做事，也無法拒絕幫忙。其實學會委婉的拒絕，同樣可以贏得周圍人對你的尊敬。

那麼，為什麼我們還是這麼容易答應別人呢？可能是因為我們潛意識裡相信拒絕表示漠不關心，甚至代表自私，還有可能害怕令別人感到灰心。此外，還可能是害怕被討厭、批評，害怕損害友情。

有趣的是，自信心和有沒有說「不」的能力息息相關。缺乏自信的人常常因為拒絕別人而感到不安，而且經常認為別人的需求比自己更重要。

實際上，真正可以克服「不好意思拒絕」的心理障礙，同時又有拒絕技巧的人並不多。

「不好意思拒絕他人」的原因不外乎以下幾點：

♠ 一、接受請託比拒絕請託容易

想想看，只因為這個原因的話，可能要付出無法承受的沉

重代價。所以，面臨別人的請託時，應先衡量接受與不接受的後果。這樣做真的那麼重要嗎？對實現自己的目標有幫助嗎？將要付出什麼代價？如不接受會有什麼後果？經過此番「成本效益」的分析，再決定取捨。

♠ 二、想做一位廣受愛戴的好人

任何拒絕都不可能不得罪人，只要是情達理的人，無論你能不能完成請託，他都不會討厭你；而面對蠻不講理的人，根本不需要去討他的喜歡。

♠ 三、擔心拒絕會觸怒對方導致報復

拒絕可能引起不愉快，甚至是觸怒對方，但也不能因此來者不拒。如果學會拒絕的技巧，通常都可以避免這樣的疑慮。

♠ 四、不知道拒絕也可以幫助別人得到好處

其實被拒絕者也可以得到好處，拒絕是一種「量力而為」的表現，有些請託由他人承辦可能更合適，或本應由請託者本人來做。拒絕可以幫助委託者檢視自己的能力。

不懂得拒絕將會令你感到疲憊、壓迫和煩躁。不要等到能量耗盡了，才採取行動。

如果你就是不懂得該如何拒絕，可不可以介紹一下呢？那

麼，就試試看以下的方式吧。

♠ 一、保持最簡單的回應

如果你想拒絕，就要堅決而直接，最好的方式是使用短語，如：「感謝你看得起我，但現在不方便」或「對不起，我不能幫忙」。嘗試用你的身體語言強調「不」。不需過分道歉，記住，拒絕並不需要經過誰的允許。

♠ 二、為自己爭取一些考慮的時間

跟對方說：「我一會兒回答你」，然後找時間考慮你的選擇。在空閒時想一想，你會更有信心地拒絕。

♠ 三、找出妥協方案

如果你是有條件的同意對方的請求，那麼就想一個方法，比如說：請對方提供必要的資料，以便讓你在有限的時間下幫他這個忙。

♠ 四、瞭解拒絕與排斥是不同的

記住，你只是拒絕一項請求，而不是排斥另一個人。通常人們都會明白，你有拒絕的權利，就像是他們有權利要求幫助一樣。

♠ 五、不要因為拒絕了一個孩子而感到愧疚。

被拒絕有時對他們而言反而是很重要的，使他們更深入瞭解這個世界。並不是不讓他們抗議，而是要他們知道是誰在負責設定界限。

做回你自己吧，要對自己坦白，明確知道什麼才是真正想要的。更加認識自己，找出什麼是生活必需的。當一個人能夠克服「不好意思拒絕」的心理，並具備「拒絕他人」的技巧時，由此節省下來的時間將十分可觀。

時刻告誡孩子心裡要明白：被拒絕的是別人的請託，而不是這個人；拒絕之後，若能力許可，還是可以提供其他途徑的幫助；切忌透過第三者拒絕，這樣做也許會顯得自己懦弱，或讓對方誤以為不夠誠懇。

05

真摯地
給予他人幫助

幫助別人，其實是為了自己。當你了解了這一點，下回有需要的時候，你對人的最大善意之一就是允許別人幫助你。

一個人能給予另一個人什麼東西呢？把自己的一切給予別人，不一定意味著他為別人犧牲自己的生命，只是他把自己身上存在的東西給予別人，把自己的快樂、興趣、同情心、諒解、

知識、幽默 —— 把自己身上能夠展露的表情給予別人。當他把自己的生命給予別人的時候，也就增加了別人的生命價值，豐富了別人的生活。提高自己的存在感，也會提高別人的存在感。

給予本身就是一種強烈的快樂，並不是為了被接納才給予。在給予時，不知不覺地使別人身上的某些東西得到新生，這種新生又為自己帶來了新希望。在真誠的給予中，無意中就得到了別人給他的報答和恩惠。

有個人死了以後天使來接他，途中他經過地獄，看到地獄裡面每個人都拿著很長的筷子吃飯，筵席看起來很美味，但他們只想夾給自己吃，所以總是吃不到。接著又經過天堂，天堂和地獄一樣有著美味的筵席，人們也是拿著很長的筷子，不同點在於每個人都用自己的筷子夾菜餵別人吃，所以每個人都可以吃到好吃的筵席。人與人之間的互相幫助和關愛，就是天堂和地獄的差別。

在一場激烈的戰鬥中，上尉忽然發現一架敵機向陣地俯衝下來。照常理，發現敵機俯衝時要毫不猶豫地臥倒。可是上尉並沒有立刻臥倒，他發現離他四五米遠處有一個年輕士兵還呆立在哪兒。他沒時間考慮太多，一個箭步衝過去將小兵緊緊地

壓在身下。此時一聲巨響，飛濺起來的泥土紛紛落在他們的身上。

平靜下來後，上尉站起來拍拍身上的塵土，回頭一看，頓時嚇呆了：剛才自己所處的位置被炸成了一個大坑。上尉幫助小兵的行為，救了別人也救了自己。

很久以前，有兩個兄弟各自帶著一個行李箱出遠門。一路上，重重的行李箱將兄弟倆都壓得喘不過氣來。他們只好左手提累了就換右手，右手又提累了再換回左手。走著走著，大哥突然停了下來，在路邊買了一根扁擔，將兩個行李箱一左一右掛在扁擔上，挑起兩個箱子上路，反倒覺得輕鬆了很多。

幫助他人，並不一定代表重量都是增加在自己身上。在人生道路上，肯定會遇到許許多多的困難。但很多人卻不一定明白，在前進的道路上，搬開別人腳下的絆腳石，其實正是了為自己在鋪路。

一尊百年彌勒佛，因年久失修，終究有些殘損了，寺裡請來工匠進行修復。當工匠衡量過損壞程度之後，決定從彌勒佛的腹部開始進行翻新，彌勒佛的腹部一揭開，在場的方丈和僧侶們無不驚愕動容——彌勒佛主的闊腹裡居然裝著 12 個男女老

少的陶俑！

　　朝拜過彌勒佛的人們，往往羨慕彌勒佛無與倫比的朗笑，更為祂的超級大肚量動容。有人還銘記著有關彌勒佛的對聯：「大肚能容容天下難容之事，笑口常開笑天下可笑之人。」

　　可是，又有幾人能夠醒悟明白，彌勒佛主之所以大腹便便、笑口常開的真正原因是心中裝著別人，裝著衣食、父母、親情緊密相連的男女老少，裝著需要照顧、需要超度的芸芸眾生，肚子能不大嗎？笑容能不爽朗嗎？

　　佛所護佑的大地，能塑造出如此經典、奧妙的彌勒佛來，就是一種念及蒼生的慈悲情懷，就是一種高深玄妙的人文藝術。

　　幫助別人其實就等於幫助了自己。一個人在幫助別人時，無形之中就已經投資了感情，別人對於你的幫助會永遠銘記在心，只要一有機會，他們也會主動幫助你。

　　愛迪生在學校讀書的時候，從沒有人想過他將會成為那個時代最受人敬仰的天才之一，老師們認為他的智力低下，因為他總是很難理解老師所教的內容。

　　改變他一生的事件發生在 1862 年，當時只有 12 歲的愛迪生眼看一個在鐵路上玩耍的小男孩就要被火車碾過，他撲過去

將男孩推開,並用自己的身體護住,火車隨即以幾毫米的距離從他們身邊擦過。那個小男孩就是當地火車站站長的兒子。愛迪生因為這樣的英勇行為獲得了參加電報學課程的機會,他的發明事業從此拉開序幕。

一個人的人生價值和真正的幸福,不會只因為一個人的看法就下定論。要關愛別人、回饋社會,要「先天下之憂而憂,後天下之樂而樂。」擁有這樣的心志和心態,人生才能抵達高尚而神聖的境界。

助人,是施予而不求任何回報。能做到幫助他人,自己也感到快樂,就是生活給予我們的報酬。助人也是另一種財富的肯定。當你對人伸出援助,就等於在對世界說:「謝謝你,我擁有的多過我所需要的。」這種富有才是有力的肯定。

傳說在一次大衛王與邪惡軍隊的戰鬥中,大衛王的軍隊因長期疏於操練被打得一敗塗地,大衛王不得不率領眾兵將向後撤退,但邪惡軍隊仍窮追不捨。

突然,大衛王的軍隊停下了,因為大衛王注意到林子裡有許多鳥窩,大軍如果貿然前進,肯定會震掉許多鳥巢。但如果不穿過樹林,一定會被敵軍追上。

　　已經沒有考慮的時間了。大衛王毅然決定，讓軍隊掉頭向敵人猛攻，邪惡兵團以為中了大衛王的埋伏，亂成了一團，最後竟然鳥獸散去了。大衛王為了保護小鳥贏得了戰爭。

　　每個人活在這個世界上，難免會碰到一些困難，要解決這些困難，必然少不了別人的幫助。而幫助往往又是互動式的，當你幫助別人的時候，自己也不知不覺從中得到幫助。這不正是，授人以花，手留餘香嗎？

　　那麼就讓我們換個角度思考吧：幫助別人，其實是為了自己 —— 我們願意助人，因為那種感覺真好。當你了解了這一點，下回有需要的時候，你對人的最大善意之一就是允許別人幫助你。因此在助人的過程中，到底是誰在幫助人、是誰在接受人家的幫助，其實很難分辨，就如同在戀愛之中，不容易分辨是誰主動愛著對方一樣。將這些道理告訴你的孩子，並身體力行，讓他從小就生活在互相幫助的良好氛圍中。

06

從心底寬恕
曾有負於你的人

寬恕他人有時就像鏡子一樣，反射出你對自己的寬恕。心胸寬廣才能容人、容事、容天下。

一位德高望重的老和尚，在寺院的高牆邊發現了一把椅子，他知道那天晚上一定有人用這把椅子越牆到寺外去玩了。於是長老搬走了椅子，自己坐在原位等候著。

　　終於，到了午夜，私自外出的小和尚終於回來了，他爬上了牆，再跳到「椅子」上。只是這次，小和尚覺得這把「椅子」怪怪的，好像沒那麼硬，軟軟的甚至有點彈性。落地後小和尚定睛一看，才知道椅子已經變成老和尚了，原來是老和尚用背脊承接了他，小和尚嚇壞了，畏畏縮縮地站在一旁，等老和尚整理好衣裳離去後，隨即倉惶逃回房間。

　　從那晚以後，有好一段日子他誠惶誠恐地等著老和尚發落。但老和尚並沒有這樣做，甚至壓根兒都沒提起這件事。從老和尚的寬容中，小和尚獲得了啟示，從此他收起了玩心，再也沒有翻牆出寺去玩了。在每天刻苦修煉下，成了寺院裡的得道高僧，若干年後，成為這兒的住持。

　　小和尚之所以能夠修行有成，正是因為當初老和尚的寬容，喚起了他的道德意識，促使小和尚發心端正自己，成就佛果。

　　這就是寬容，它不僅需要很大的肚量，更是經過修養才能促成的智慧，事實上也只有胸襟開闊的人才會自然而然地運用寬容。試想，如果老和尚不只是搬去椅子，還對小和尚公開懲處，殺一儆百，其實也沒什麼不對。小和尚雖然可能從此收斂，

但未必學會真正反省，那麼他將來是否真能成就，也就很難説了。

寬容是一種美德，因為它是成功事業的基石。古人有言：「有容乃大，一如大海。」正因為海洋大度地接納了所有的江河、小溪，才有了它最壯觀的遼闊和豪邁。在市場激烈競爭的今天，更需要這種精神，因為在頻繁而疏離的人際交往中，寬容之心能夠讓你拋棄所有無謂紛爭。所以，社會學家説：競爭，迫使人的生活要寬容，唯有寬容才能在競爭中獲取勝利。

林肯競選總統成功之後，準備啟用一名曾迫害過自己的政客，遭到同僚們的一致反對。然而，林肯對他的屬下作了這樣的解釋：「把敵人變為自己人有什麼不好呢？我這樣做的結果，既可消滅一個敵人，又會多得到一個朋友。」所言精闢。歷史的確證實：寬容可免卻世間諸多的困擾，成就事業。只要你擁有寬容的美德，一生都將收穫笑容。

寬恕就是適度地彎曲，但不折傷自己；寬恕就是承受創痛，並為自己療傷。既然拒絕原諒只會帶來更多的傷害，何不卸下受難者的袈裟，做個寬恕的人。寬恕，是袪傷解痛的良方，可以算是重要的求生技能，幫助你在一片誤解、痛苦、怨懟與憎

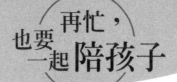
恨的狂亂中，找到方向。

　　且讓寬恕打開和解之門，今天的敵人可能會變為明日的朋友。

　　二次大戰期間，一支部隊在森林中與敵軍相遇，激戰過後有兩名戰士與部隊失去了聯繫，這兩名戰士正好來自同一個小鎮。

　　兩人在森林中艱難跋涉，他們互相鼓勵、互相安慰，十多天過去了，仍未與部隊聯繫上，乾糧都吃光了，於是他們只好開始打獵。第一次打獵，所幸有點收穫，他們打死了一頭鹿，依靠鹿肉又艱難度過了幾天。但也許是戰爭使動物四散奔逃，從那天以後他們再也沒看到過任何動物，僅剩的一點鹿肉，就這樣背在年輕戰士的身上繼續前進。

　　過了幾天，他們在森林中再度與敵人相遇，這回他們巧妙地避開了敵人。就在自以為已經安全時，突然聽見一聲槍響，走在前面的年輕士兵中了一槍 —— 幸虧只傷在肩膀上！另一位士兵惶恐地跑了過來，趕快把自己的襯衣撕下包紮戰友的傷口。他害怕得語無倫次，抱著戰友的身體淚流不止。

　　當晚，沒有受傷的士兵一直叨念著母親，兩眼直勾勾地看

著天空。他們都以為自己熬不過這一關了，雖然飢餓難忍，卻誰也沒去動身邊的鹿肉。天知道他們是怎麼熬過那一夜的，幸好第二天，四處搜索的部隊終於發現了他們。

事隔三十年，那位受傷的士兵安德森說：「其實我知道開槍的就是我的戰友。因為就在我倒下時他抱住了我，也讓我碰到了他發熱的槍管。那時我怎麼也不明白，他為什麼要對我開槍？但當晚我就寬恕了他。我知道他想獨吞我身上的鹿肉，我也知道他這樣做是為了他的母親，他必須活下來。獲救後三十年，我一直假裝根本不知道此事，也從來不去提。這場戰爭太殘酷了，他母親還是沒能等到他回來。退伍後，我和他一起祭奠老人家。那一天，他跪下來請求我原諒他，我根本沒聽他說下去。就這樣，我們又做了幾十年的朋友，我真心地寬恕了他。」

一個人儘管能容忍有人固執己見、自以為是、傲慢無禮、狂妄無知，但卻很難容忍那些對自己惡意誹謗或曾致命傷害過自己的人。唯有以德報怨，把傷害留給自己，讓世界少一些仇恨，少一些不幸，回歸溫馨、仁慈、友善與祥和，才是寬容的至高境界。

再忙，也要一起陪孩子

完成的 **34** 件事

　　每個人的成長過程中，都會受到不公平的待遇和心靈的傷害。要寬恕那些有負於你的人其實很簡單：只記住需要記住的，把該忘記的通通忘掉。

　　在阿拉伯國家有位青年名叫阿里，有一次他和吉伯、馬沙兩位朋友一起旅行。三人經過一處山谷時，馬沙不小心失足，幾乎要滑落谷底了，幸虧吉伯拚命拉他，才將他救起。馬沙於是在附近的大石頭上刻下了：「某年某月某日，吉伯救了馬沙一命。」

　　三人又繼續走了幾天，來到一條小河邊，吉伯跟馬沙為了一件小事吵起來。吉伯一氣之下打了馬沙一耳光。馬沙跑到沙灘上寫下：「某年某月某日，吉伯打了馬沙一耳光。」

　　就在他們旅遊回來後，阿里好奇地問馬沙：「為什麼要把吉伯救你的事刻在石頭上，但吉伯打你的事卻寫在沙子上？」

　　馬沙回答：「我永遠都感激吉伯救我。至於他打我的事，我會隨著沙灘上字跡的消失，而忘得一乾二淨。」

　　記住別人對我們的恩惠，洗去我們對別人的怨恨，在人生的旅程中才能自由翱翔。

　　最高境界的寬容，是寬容那些曾經傷害過我們的人。這不

是一件容易的事,但是如果我們這樣做了,就能夠體驗到我們內心的富有和強大。當一個人學會寬容別人以後,也必定能夠寬容他自己。因為一旦他對自己充滿自信之後,就無需去防禦別人。

願意原諒傷害他的人,代表他敢於正視自己的缺憾,也就是說,他對將來不可避免的衝突和挫折,已經具有必要的忍耐力。能夠積極地參加豐富多彩的活動,從中克服自己的弱點,使自己不斷趨於完善。

不害怕犯錯誤,因為瞭解錯誤的潛在價值。每當出現錯誤時,他不會感嘆:「真是的,又錯了。」而是會說:「看這個,它能使我想到什麼?」然後他會利用這個錯誤當做墊腳石,來尋找解決問題的新途徑。

寬恕是心靈成長的重要動力。寬恕能治療一切憤恨,能重建人與人之間和諧的態度。不肯寬恕的人大多是自以為聰明的人,但如果將時間拉長來看,他們並不聰明。

如果說寬恕是一種聖潔的品格,其實許多人都不具備這樣的仁慈。藉著原諒曾經傷害過你的人,會為你帶來身心的平和。如果你拒絕忘記那些微不足道的陳年往事,也就是拒絕忘記憤

怒的情緒，如此一來你就不可能體會到心靈的平靜。除此之外，寬恕他人能讓你更加健康，這可是經過科學研究證實的喔！

　　寬恕他人有時就像鏡子一樣，反射出你對自己的寬恕。如果你是一個善於寬恕的人，孩子才可能是個心胸寬廣的人，心胸寬廣才能容人、容事、容天下。

07
誠心向自己
所傷害過的人致歉

話語造成的傷害就像真實的傷痛一樣,令人無法承受。自我頓悟和改變,才是令這些故事流傳下來的可貴可敬之處。

有一個男孩脾氣很壞,於是他的父親給了他一袋釘子,並且告訴他,每當他發脾氣的時候,就在後院的圍籬上釘一根釘子。

　　第一天，這個男孩釘下了 37 根釘子。接下來的每一天，他釘下的釘子數量慢慢減少了，他發現控制自己的脾氣比釘下那些釘子來得容易多了。

　　終於有一天這個男孩再也不會因失去耐性而亂發脾氣，男孩告訴了父親這件事。父親告訴他，從現在開始每當他控制住自己的脾氣時，就拔出一根釘子。

　　一天天過去了，最後男孩告訴父親，他終於把所有的釘子都拔出來了。於是父親握著他的手來到後院，告訴他：「你做得很好，我的好孩子，但是許多時候，亂發脾氣就像這些釘子在圍籬上留下釘痕一樣，會在人的心裡留下疤痕。就像拿刀子捅別人一刀，事後不管你說了多少次對不起，那個傷口永遠存在。話語造成的傷害就像真實的傷痛一樣，令人無法承受。」

　　無論是有心或無心的，當我們傷害了一個人、破壞了一件美事，自己明白自己錯了，就是難能可貴。如果懂得自責，就又進了一步。就算是放在心裡折磨自己，或寫信向不相干的第三者懺悔，也都是好的，起碼這一步一步都是在自覺自省。最後也最重要的一步，是要向被傷害的人致歉。

　　傷害一旦造成了，人都會內疚。有時，芝麻大小的事情發

PART 1
建構和諧人際一定要做的事

生了，太過善良的人，便將它們看成世界末日，把一切的錯都怪在自己身上，默默地受折磨，久而久之就影響到性情，漸漸變得鬱鬱寡歡，無法釋懷，甚至生起病來。

既然自己知道做了對不起他人的事，可能只是出於誤會、急躁、不耐煩等等情況造成的人際僵局，那是最不必痛苦的，只要真真誠誠的道歉就可以解決。

中國有一句成語：「解鈴還須繫鈴人。」就以親子間常發生的情況為例好了，既然當初有這份狂妄和任性，向母親大叫大罵，不體娘心，而今難道沒有同樣的勇氣和良知，去母親身邊誠心地道歉說明，使這冰凍的疼痛化為和風？

古時「周處除三害」，不在於他除了前面兩害的好本事，他的自我頓悟和改變，才是令這個故事流傳下來的可貴可敬之處。對於父母、手足、同學、朋友，如果真正背負著那麼沉重的歉疚感，那就誠心道個歉吧。

來看看一個水桶的真誠道歉吧！

從前，有一位挑水工人，每天都帶著兩個水桶，分別吊在扁擔的兩頭，其中一個水桶有裂縫，另一個完好無損。每次完好無損的水桶，總是能將滿滿一桶水從溪邊送到主人家中，但

是有裂縫的水桶到達主人家時，卻總是只剩下半桶水。

　　兩年來，挑水工人就這樣每天挑一桶半的水到主人家。破水桶飽嘗了兩年失敗的苦楚後，終於忍不住了，在小溪旁對挑水工人說：「我很慚愧，必須向你道歉。過去兩年，因為水從我這邊一路地漏，我只能送半桶水到主人家。我的缺陷，使你的辛苦只收到一半的成果。」

　　挑水工人笑了笑說：「就在我們回主人家的路上，請你留意一下路旁盛開的花朵。」

　　果真，當他們走在山坡上時，破水桶眼前一亮，它看到繽紛的花朵開滿路的兩旁，沐浴在溫暖的陽光之下，這景象使它開心多了！但是，一走到小路的盡頭，它又難過了，因為一半的水又在路上漏光了！破水桶再次向挑水工人道歉。

　　挑水工人說：「你有沒有注意到小路兩旁，只有你的那一邊有花，好水桶的那一邊卻沒有開花呢？我明白你有缺陷，因此我善加利用，在你那邊的路旁撒了花種，每回我從溪邊回來，你就替我澆了一路的花！兩年來，我就是用這些美麗的花朵裝飾了主人的餐桌。如果你不是一個破水桶，主人桌上也就沒有這麼美麗的花朵了！」

從這則寓言故事裡，我們發現那隻破水桶的確有缺陷，但破水桶並沒有因為不滿自己的缺陷而自暴自棄，或是千方百計為自己狡辯。反而很有自知之明，懷有一顆真誠的平常心，總是努力工作著，並經常為自己的過失或缺陷感到內疚不安，一而再再而三地向挑水夫致歉。

面對水桶的道歉，挑水工人以令人稱羨的寬大胸懷和體貼入微的安排，成就了一段佳話。挑水工人以善良的心，對待他的兩個水桶，特別是對那一個有裂縫的破水桶，有天空和大海一般的寬容和氣度。他不計較個人得失，不怕吃虧和吃苦，勤勤懇懇為人，老老實實做事，並且還利用破水桶漏水的特點，滋養著路邊撒上的花種，開出了爭奇鬥艷的花朵，又美妙地裝飾了主人的餐桌。這樣一舉多得，可不是一幕精美和諧的人生變奏曲。

設想一下，如果當初故事不是這樣發展，要是那個破水桶對於自己的缺陷視而不見，只因為水一路從縫隙中慢慢地漏掉，而竊喜減輕了自己的負擔，佔了別人的便宜，甚至因此心安理得，暗自得意洋洋，從不心懷歉意自然也不會道歉，最終會導致挑夫和水桶之間無法配合，水就無法挑回去，耽誤了工作。

因此，對於那個破水桶來說，真誠的道歉，就是良好人際關係，事業上有所建樹的重要精神。而對於挑水工人來說，在體貼入微，知人善任的同時，也就抓住了機會。其實，生活中很多時候不管有意還是無意，都會為別人造成不同程度的傷害，這時就要學會真誠的道歉，徵得對方的原諒，成就自己也成就對方。

PART 2

打造完美性格一定要做的事

性格是個性的一部分，正面的性格使人不管在順境還是逆境，都能坦然積極地面對，並且不懈努力，取得成功；負面的性格總是領著人走入歧途、受盡挫折，甚至還會毀掉一個人的一生，釀成悲劇性的結局。

「性格決定命運」，您一定想為自己和孩子的美好人生打造完美的性格，那就做個信守承諾的人吧！

08

承諾過的事情
一定要完成

遵守諾言是一項重要的感情儲蓄，違背諾言則是一項重大的支出。

花兒是春天的諾言，潮汐是大海的諾言，遠方是道路的諾言。世界，因為信守許多大大小小的諾言，所以顯得肅穆而深情。一個有份量的諾言，猶如一座高山。信守並尊重諾言，有

時要比登上最高峰還難。

有一位國王在打獵時不小心墜落山谷，正當孤立無援時，有一隻巨大的神龍出現。

神龍説：「我可以幫助你脱離困境，但有一個交換條件，只要你答對了全世界最困難的問題，我就把你送回山崖邊。」

神龍發問：「女人究竟真正要什麼？」

國王被問倒了，於是想出緩兵之計。「神龍可否先救我，我將靈魂抵押給你，讓我回到王宮尋求答案，七日後我會帶著答案再來找你。」

神龍説：「可以，不過七日後你若不信守承諾，就會因為失魂落魄而死。」

國王回到宮中將經歷告知內閣大臣們，結果大家都想不出答案，眼看日子一天天過去，期限只剩兩天了，如果國王因為失魂落魄而死，該如何是好？

國王的侍衛長突然想起一件事來，他説：「城南有一位巫婆，知識非常淵博，她應該知道答案。」於是英俊瀟灑的侍衛長立刻快馬加鞭，將巫婆請到宮中。

巫婆到宮中後，國王將經歷與神龍的問題告訴巫婆。

巫婆説：「答案我是知道的，國王的命我也能救，不過我有交換條件，那就是要陛下的侍衛長在事成後娶我為妻。」

國王毫不考慮一口就替侍衛長答應了，並立下詔書為憑。

於是巫婆説出了答案：「女人真正要的，是由自己主宰自己的生活方式。」

國王告訴侍衛長關於巫婆的要求，侍衛長差點昏倒，但為了國王的性命，只能無奈地接受事實。

國王帶著答案去找神龍要贖回自己的靈魂，神龍聽到標準答案後，稱讚國王是全世界最聰明的男人，也依約將國王的靈魂還給國王。

一行人回到宮中後立即開始籌備侍衛長與巫婆的婚禮。

婚禮當天，雞皮鶴髮的新娘配上年輕英俊的侍衛長，喜宴上巫婆吃相難看不打緊，還邊吃邊大聲放屁，不時發出不雅的笑聲。侍衛長為了國家犧牲自我，一點都不敢在喜宴中發脾氣。

好不容易熬到入洞房的時刻，當巫婆換下禮服，從淋浴間出來時，侍衛長不敢相信他的眼睛，因為走出來的是一個超級性感的女子。她對侍衛長說：「因為你信守承諾，沒有對我發怒，容忍我在喜宴中放肆丟臉，我決定往後每一天中有 12 小時變成

超級溫柔美女陪伴你，但是你可以決定我固定在白天變美女還是晚上變美女，而且選完就不能改變心意。」

年輕英俊的侍衛長頓時陷入兩難的局面。因為他不知應該選擇白天帶著一位絕世美女出門向朋友炫耀，讓眾人羨慕，而晚間要和一位雞皮鶴髮的巫婆同床共枕；還是白天讓眾人對老巫婆指指點點，嘲笑侍衛長的可憐，而晚上他卻可以和超級美女相伴而眠。

想了半天，年輕英俊的侍衛長最後向巫婆說：「妳自己決定何時要扮演妳喜歡的角色就可以了，我不會干涉妳的生活方式。」巫婆聽了很高興，對年輕英俊的侍衛長說：「由於你的包容與智慧，我決定天天 24 小時變成一個有教養又性感溫柔的美女，陪伴你照顧你一生。」

侍衛長突然驚訝的發覺，原來幸福竟然如此意外地降臨在自己身上。國王、侍衛長、巫婆最後皆大歡喜，眾內閣官員驚訝之餘，也感到非常高興。

這個故事給我們的啟示正是：人要信守承諾。

遵守諾言是一項重要的感情儲蓄，違背諾言則是一項重大的支出。實際上，最能導致情感儲備大量支出的，恐怕就是許

下某個至關重要的諾言，最後卻食言而肥了。因此，許諾時要力求謹慎小心，盡量考慮到各種可變因素和偶發事件，以防突然發生無法控制的情況，妨礙諾言的履行。

儘管做出各種努力，有時意外還是會出現，造成無法遵守諾言的情況，但是如果你真的重視自己的承諾，自然會想方設法完成諾言，不然就要誠心的請求對方允許自己收回承諾。一旦養成了履行承諾的習慣，別人會因為你的成熟和洞察預見的眼光，而傾聽你的意見及勸告。自身忠誠會贏得信任，不忠誠則可能破壞所有因為信任而建立下來的基礎。一個人如果口是心非，就根本失去了自己的信任儲金。

在一次強烈的地震後，有位年輕的父親看到幼小兒子最後所在的教室原址變成了一片廢墟，他頓時感到眼前漆黑，蹲在地上嚎啕大哭起來。哭著哭著，突然他猛然想起自己常對兒子說的一句話：「不論發生什麼事情，我總會跟你在一起！」於是他堅定地站起身，開始動手挖土，他挖得滿臉都是灰塵，雙眼佈滿血絲，雙手佈滿鮮血。

就這樣，他堅持挖了 3 個小時，突然聽到廢墟底下傳出孩子的聲音：「爸爸，是你嗎？」

是兒子的聲音！父親大聲的喊：「明明，是你嗎？」

「爸爸是我，你放心，我不害怕，我告訴同學們也都不要害怕，只要我爸爸活著就一定會來救大家，因為你說過，不論發生什麼事情，你總會和我在一起！」

50 分鐘後，父親和附近的人們終於開闢出一個安全的小出口，明明和同學們全部得救了。

故事中的那個父親，在生死關頭，還記得他給過孩子的承諾。諾言之所以能成為一種力量，是因為信用夾帶無上的價值。社會秩序建立在人與人之間彼此遵守約定的基礎之上，能否實踐諾言，是衡量人類精神是否高尚的準則。仁義、道德也都表現在守信這件事上，如果人們不把守信作為制約自身行為的準則，各個社會生活層面都將蒙受其害。每一個人都應遵守諾言，諾言是神聖的，承諾是金。

誠實守信是一個人立身處事之本，人人都要樹立言而有信、無信不立的觀念。放下誠實守信就是老實人，容易吃虧的想法，牢記信守承諾，以誠實守信為榮的崇高品格，從小培養孩子誠實守信的美德，從身邊的小事做起，從自我做起，從現在做起。

再忙，
也要一起陪孩子
完成的**34**件事

09

學會
與身邊的人分享

　　當你和別人分享的時候，就會發現你的心靈是平靜的，而人心靈的平靜，就是一切幸福和快樂的保證。

　　人是群體的動物，所以必須學會在人群中生活。不管你的個性多麼古怪，只要你選擇在辦公室上班，在一群人之中工作，你的人際關係好壞就決定了你在這裡的地位和聲望。當辦公室

PART 2
打造完美性格一定要做的事

裡所有的人都認為你很難對付，或者心情古怪、動不動就發脾氣，有一點小權力就刁難別人，並且在很多事情上不願意配合別人。如果你總是不把自己當作所有人的朋友看，而是把自己當作所有人的長官看的時候，你的人際關係就會陷你於絕境。當人際關係瀕臨毀滅的時候，你的地位和快樂同時也會被毀掉。在一群人中間不受歡迎的人，在那裡一定也呆不長。每個人都必須學會在堅持原則的前提下和其他人和睦相處，並且學會和別人分享自己的感情和思想。

如何學會分享呢？和孩子一起玩個遊戲吧！假如你手上有六個蘋果，只留下一個，把另外五個給別人吃。在將蘋果送給別人的時候，你並不知道別人會還給你什麼，但是你一定要給，因為別人吃了你送的蘋果以後，當他得到了橘子，一定也會給你一個，因為他記得你曾經給過他一個蘋果。最後，你得到的水果總量可能還是六個水果，但卻是六種不同的水果了。因為分享，你的生命成倍地豐富增加，你看到了六種不同顏色的水果，享用到六種不同的味道，更重要的是你學會了在六個人之間進行人與人最重要的精神、思想、物質的交換。這種交換能力一旦確立，你在這個世界上就會不斷得到別人的幫助。

再忙，也要一起陪孩子完成的**34**件事

生活需要伴侶，喜樂才有人與你分享。沒有對象可以分享的人生，無論面對的是快樂還是痛苦，都是一種懲罰。

很久以前，有一群立志挑戰沙漠的人來到撒哈拉大沙漠。不用說，他們當然做好了充足的準備，他們帶了很多東西，不僅是食物，還有很多很多的水。一天，二天，三天……時間一點點過去了，許多人選擇了放棄，有人餓死了，有人累死了，還有人渴死了。儘管糧食充足，這種情況並沒有因此而避免，但關鍵不在這裡，終究，這個挑戰到最後只剩下了兩個人、一瓶水和一塊餅。接下來，你認為故事會怎麼發展呢？

一、在兩個人又累又渴的時候，他們決定吃掉僅存的食物來補充體力，完成最後的路程。但當食物拿出來後，他們開始瘋狂搶奪，憑借僅剩的體力，為了將水和食物據為己有而大打出手，結果一個人搶到了水，另一個人搶到了餅，但是最終喝水的人餓死了，吃餅的人渴死了。黃沙依舊瀰漫，兩具屍體就這樣一點點地被掩埋在黃沙之下，永遠不為人所發現了。

二、兩人在飢渴交加的時候決定分掉食物，但怎麼分呢？兩人決定將大餅分成兩個各自吃，一瓶水分著喝，最終兩人體力倍增，完成了這段沙漠之行。黃沙飛揚染黃了他們背後的天

空，兩人贏得了世人矚目，迎來鮮花、掌聲和榮耀。

大多數人都會更喜歡第二個結局吧！但如果自己碰上了這種情況，又會怎樣？其實造物主有時就像一個編劇，祂總是給世人安排了兩種結局，就像沙漠中的兩位探險者，選擇自私就選擇了死亡，而選擇分享的人則選擇了生存，甚至收穫更多。

當然生活中許多事並沒有生與死那麼可怕，但擁有一顆懂得分享的心是最重要的，不管是在親人朋友或是在陌生人面前，分享並不意味著失去，反之，有可能是成功前最後一次的考驗。不管怎麼說，分享總是讓你收穫快樂。

有兩隻貓互相爭奪美食。

「喵～這是我發現的，所以是我的！」

「喵～不對，我先發現的，應該是我的！」

「不，是我先的，拿來！」

「才不給哩！喵～」

「放手啊！」

「才不放手！」

兩隻貓互不退讓，都緊抓著食物不放。

過路的狐狸停住了腳，用兩隻閃亮的眼睛觀察了一下。然

後硬闖入這兩隻貓中間。

「孩子們，你們吵什麼？」

「喵~狐狸伯伯，為我評評理，他想搶走我發現的食物！」

「不對，這是我先發現的！」

「我知道了，知道了！伯伯會好好地把食物分成兩半，不要再吵了，去拿秤來吧！」

狐狸將食物分成兩半，並且用秤量了起來。

「咦，右邊比較重喔！」

狐狸說著就把右邊的一半咬下了一小口。

「啊！這次變成左邊比較重啦！」

接著狐狸又咬了一口左邊的食物。

「這樣右邊又太輕了！」

於是再咬下一口右邊的食物。

兩隻貓眼睜睜看著秤上的食物，變成了綠豆般大小。

「實在沒辦法啦！就讓伯伯吃光吧！」

結果狐狸一口就把食物吃的一乾二淨，還說：

「啊！真好吃！再見了，小貓們！」

多麼狡猾的狐狸呀！

「我們兩個如果一開始不吵架，好好的把食物分享來吃該多好啊！」兩隻貓垂頭喪氣，以後再也不敢吵架了。

分享有時候並不只是物質，還有精神上的分擔，就像生活中的痛苦和快樂一定要跟別人分享一樣。因為如果你把痛苦壓在心裡，就像一座還沒有爆發的活火山一樣，早晚有一天會爆發，一旦爆發就是毀滅性的力量，當你心中有壓抑和痛苦的時候，你需要朋友、同事、長輩和你一起分享。當你和別人分享的時候，就會發現你的心靈是平靜的，而人心靈的平靜，就是一切幸福和快樂的保證。因此要教育孩子與人交往，學習互助、合作和分享。為了能使孩子的行為適應社會需要，應積極利用各種活動來幫助他們學會「分享」。學習分享可以使孩子明白，跟大家共同生活，互取所需是一件快樂的事情。教育孩子心中懷有他人，永遠為人著想，為其一生品德的形成打下良好基礎。

學會分享是建立良好人際關係的基礎，是人與人情感溝通的橋梁、思想傳遞的紐帶。樂於分享是最重要的人格特質之一，它可以養成良好的行為規範，對於價值觀的標準有著積極引導的作用。如何讓孩子學會正確分享呢？學校和家庭都應為孩子提供學會分享的機會。

10

學會在發怒時
控制自己的情緒

用實際行動排除掉那些干擾你的事情，你的心靈也就跟著
被自己釋放了。

人的情緒是一種心理現象。高興、愉快、歡樂、喜悅、輕
鬆、欣慰、悲傷、害怕、恐懼、不安、緊張、苦惱、憂鬱等都
屬於情緒活動。

PART 2
打造完美性格一定要做的事

　　情緒分為積極情緒和消極情緒兩大類。積極情緒對健康有益，消極情緒會影響身心健康。自古就有「喜傷心」、「怒傷肝」、「思傷脾」、「憂傷肺」、「恐傷腎」之說，可見中國文化自古就非常重視情緒與健康之間的關係。

　　情緒變化時，往往伴隨著生理變化。例如，人在驚恐時，會出現瞳孔變大、口渴、出汗、臉色發白等變化。這些生理變化在正常的情況下具有積極的作用，可以使身體各部分積極地動員起來，以適應外界環境變化的需要。

　　過度的消極情緒，例如長期不愉快、恐懼、失望，會抑制胃腸運動，因而影響消化機能；總是處於情緒消極、低落或過於緊張的人，往往容易罹患各種疾病。只有保持樂觀的情緒，才有利於身體健康。

　　每個人的情緒，都會有波動，應該主動擺脫不良情緒。如果發現孩子似乎為了某事在煩惱的時候，教導他不要讓煩惱悶在心裡。當事情不順利時，不妨帶著他跳脫一下，改變生活環境，使精神得到放鬆。

　　如果是因為該完成的工作較多，那就先做最迫切的事。把全部精力投入其中，一次只做一件，其餘通通暫時擱在一邊。

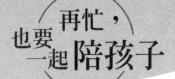
如果孩子不願意透漏煩惱的原因，試著帶他幫助別人做些事情，你會發覺，因為做了好事的愉快感，使他的煩惱轉化為振作。

善變的情緒會為你帶來不必要的麻煩。當情緒低落時，要找到原因然後想辦法解決，冷靜下來及時調整自己，理智地面對遇到的困難。我們應當做自己情緒的主人，經常保持愉快的心情，調節好情緒，提高適應環境的能力，保持良好的精神狀態。

一天，美國前陸軍部長斯坦頓來到林肯的辦公室，氣呼呼地說有一位少將用侮辱的話語指責他偏袒一些人。林肯建議斯坦頓，寫一封內容尖刻的信回敬那傢伙。

「可以狠狠地罵他一頓。」林肯說。斯坦頓立刻寫了一封措辭強烈的信，然後拿給總統看。

「對了，對了。」林肯高聲叫好，「我說的就是這個！好好教訓他一頓，寫的真是精彩，斯坦頓。」

但是當斯坦頓把信紙折好裝進信封裡時，林肯卻叫住他，問道：「你幹什麼？」

「寄出去呀。」斯坦頓有些摸不著頭腦了。

「不要胡鬧。」林肯大聲說：「這封信不能發，快把它扔

到壁爐裡去。凡是生氣時寫的信，我都是這麼處理的。這封信寫得好，寫的時候你已經出了氣，現在感覺好多了吧，那麼就請你把它燒掉，再寫第二封信吧。」

既然壞情緒會使得對方的情緒變得惡劣，使對方討厭你，良好的情緒當然也能感染對方，讓他愉快地接受你。因此，學會控制調節自己的情緒就是我們第一步要學會掌握的。

自己的情緒必須由自己來控制。旁人的稱讚會使你感到情緒很好，但是現實生活中不會只有稱讚，還存在著種種不如意的挫折以及反對意見。所謂自己的情緒自己來控制，就是不等待別人的鼓勵和暗示，自己以積極的心態來控制並改善自己的情緒。

找出使自己情緒不好的原因，努力排除它。當你情緒不好的時候，你要問一下自己，是什麼使自己不高興？然後想這件事是否真的有那麼重要？即使它真的很重要，你也應該保持健康的心態積極面對，完全沒有必要被它困擾。最後用實際行動排除掉那些干擾你的事情，跟著你的心靈也就被自己釋放了。

有時，某些引起你情緒不好的原因並不容易排除。這時候，你必須先接受它，然後進行自我催眠，經常被使用的催眠法就

是自我鼓勵。又或者，當心情開始不好的時候就去做做別的事情，讓自己沒有時間去思考不愉快的情緒，這也是一種有效的辦法。

還有一個方式就是，將自己不愉快的事情說出來。人在情緒不好的時候，應當有節制地發洩，把悶在心中的不快傾訴出來。你可以試著把煩擾自己心靈的事情說給好友或者家人聽，這樣也許能得到他們的安慰、開導，找到解決問題的辦法。

情緒其實是一種本能反應，既有自衛的作用，亦是反映個人需要的訊號。情緒本身沒有對錯好壞，它只是對應周圍事物所產生的反應。譬如，在面對挫敗時氣憤難平，或與好友相聚時互相擁抱，這些都是由情緒所驅使的，所以說，情緒是生存的本能。

在孔子說到顏回好學時，並沒有說他文學如何了得，歷史如何了得，語言如何了得，而是說他「不遷怒，不貳過」，既不遷怒於人，又不犯同樣的錯誤，這些優點，完全是品德問題，不是什麼好不好學的問題。所以這又一次說明，在聖人門下做學問，學的不僅僅是書本知識、文化知識，也包括「德育」在內。所謂「進德修業」，在儒學裡，都是屬於「學」的一部分。

PART 2
打造完美性格一定要做的事

　　一個人的情緒，受到精神意志所控制。保持愉快穩定的情緒，自己有什麼不順心的事，煩惱或憤怒都不可以發洩到別人身上去。說得通俗一點，就是不拿別人做自己的出氣筒。這就要從小開始不斷提高道德修養，樹立遠大理想，保持健康的心裡狀態，還要學會適應外部條件的變化，運用正面情緒克服負面情緒。

11

隨時保持
溫暖宜人的微笑

　　驕傲的現代人，總是吝嗇展露自己的微笑，彷彿只有把自己隱藏在冷漠的面具後面，才能真正找到安全感。

　　每天你都可以使自己成為一個嶄新的人：帶著微笑起床、帶著微笑出門；獨處時保持微笑、與人相遇時保持微笑；工作時微笑、休閒時也微笑 —— 這些都是好習慣。

微笑，是一種你可以付出的快樂。

史蒂文生説：「快樂並不全然是幸運的結果，它常常是一種德行，一種英勇的德行。」

快樂起來的理由有無限多，關鍵就是要時時刻刻為自己加油鼓勵！

曾經有人做過這樣的調查：世界上誰最快樂？在成千上萬個答案中，有四個答案特別引起了他的興趣：

一、剛剛完成作品，吹著口哨欣賞著的藝術家。

二、為嬰兒洗澡的母親。

三、正在沙灘上堆城堡的孩子。

四、辛苦站了好幾個小時終於救治了一位病人的外科大夫。

這些快樂其實並不難發現，都在我們的生活周圍。

除了這些，應該還有許許多多的答案：口渴時的一杯水，酷熱時的一陣風……只要你心中快樂，你就應發自內心地微笑。

心情會寫在臉上、身上的。心情愉快時，和人擦身而過，對方從你的表情、走路的姿態，都能感受到你的快樂。仿若春風吹拂過一樣，他也會感染到一絲絲喜悦。

再忙，也要一起陪孩子完成的 **34** 件事

在上班途中，試著不再注視生活單調的行人、持月票的通勤者和那些被釘牢在方向盤後的面容，把焦點放在那些蹦蹦跳跳帶著午餐盒、挽著父母的手上學的孩子身上，他們的歡樂將會撒播給你。

在你心情特別好的那一天，向其他人展露微笑，看看他們是否也注意到你的微笑，並有所回應。通常一個微笑可以會帶來另一個微笑，微笑的確是個肯定其他個體的最好方法。

你可以用微笑增加臉上的神采，並且讓積極的活力改變周圍的氣氛。注視人們的臉龐吧！一旦你集中焦點於一個人，就會注意他外表之下的內心世界。

當你把微笑送給別人時，你會體驗到真正的愉悅，別人受到你的鼓勵，心情也會隨之舒展。去發現快樂吧！為了世界多一份美麗，為了表達快樂的心情，我們傾心微笑吧！

微笑比緊鎖雙眉好看，令人心情愉悅，令日子過得更有滋味，有助於結交新朋友。微笑表示友善，留給別人良好的印象，送給別人微笑，別人也自然報你以微笑。微笑令你看起來更有自信和魅力，令別人減少憂慮。一個微笑可能隨時幫你展開一段終生的情誼。

PART 2
打造完美性格一定要做的事

　　笑容是人的情感語言之一，人們在適當的時候投以適度的笑容可以發揮其無窮的價值，諸如「微笑服務」、「微笑外交」等都能收到事半功倍的效果，笑容就是最有益於人際交往的面部表情。白居易的名句「回眸一笑百媚生，六宮粉黛無顏色」，便寫出了笑容的微妙效果。一個愛笑、會笑、真心笑的女孩才是最美麗動人的，反之外表美麗但面孔生冷則給人妖艷和厭惡的感覺。

　　亞當斯曾說過：「當你微笑的時候，別人會更喜歡你」，笑容不只是快樂和友好表情，也能傳遞道歉與諒解的信息，還能潤滑情感，提振力量。對政客來說，微笑是一種需要。在競選總統的爭奪戰中，攻擊者往往會以得意的微笑相送，而被攻擊者也會以寬容的微笑回敬。如果因被揭短而面露不快，候選人就會顯得沒有風度，有可能因此失去不少選票。即使是雞蛋砸在臉上，從政者也要有微笑著擦乾淨的氣度。對美國政客來說，微笑面對責難和困境，這是一個最起碼的要求，沒有練就這個基本功，就不要走仕途。選民非常看重候選人的微笑，誰的微笑真誠，就投票給誰。

　　對教師來說，微笑是一種鼓勵，微笑是美國學校對教師的

最基本要求。不會微笑的老師很難獲得學生青睞，一位從到美國就讀中學的台灣學生對父母說，「老師從不斥責學生，總是用微笑鼓勵學生。我覺得老師對我的微笑就是肯定我的優點，讓我覺得自己很棒」。在老師微笑的鼓勵下，這個過去總覺得處處不如別人的孩子從此信心大增。

對求職者來說，微笑是一種自信。美國某個企業在招聘員工時，出了一個考題：設想公司陷入了幾種危機，然後讓考生當場提出解決危機的方案。考生的即興應答各有千秋，令考官十分難分伯仲。最後公司決定錄取考試成績最好同時又「笑得最自然最優雅的」幾名考生，理由是只有充滿自信的人，才能這樣自在的微笑。化解危機的最好方法就是自信的微笑。

對統領全局的領導者來說，微笑就是一種信任。為了建立威信，有的領導者頤指氣使，有的恩威並重，有的平等待人，有的用人不疑。一位美籍華人說他曾在兩位老闆之下工作，一個是日本人，一個是美國人。前者不苟言笑，對屬下分配任務時口氣嚴厲。而後者卻溫和有禮，分配任務時總是面帶微笑。這位華人說，他從美國老闆的微笑中看到一種信任，所以做起事來就格外賣力。

PART 2
打造完美性格一定要做的事

　　關於微笑的好處，每個人都有親身體驗，面對親人的微笑，能夠讓人體會到，在這個世界上還有人與自己心心相連；面對朋友的微笑，能夠使人明白世上除了親情，還有同樣溫暖的友情，因此更加感受到朋友的重要。

　　雖然一個會心的笑，可以把幾分鐘前還很緊張焦慮的關係變得溫暖、愉快、積極，然而遺憾的是，驕傲的現代人，卻總是吝嗇展露自己的微笑，彷彿只有把自己隱藏在冷漠的面具後面，才能真正找到安全感。這也許就是世界變得越來越疏離的原因吧。

　　笑容真的很重要，它不但會改變別人的心情，也會改變自己的心情。笑容永遠是人們生活中的陽光雨露，每個人的微笑都是世界上最美麗的微笑，這美麗不僅僅綻放給別人，也綻放給自己。

　　笑紋比皺紋重要。兒童一天會笑許多次，成人卻好像並不太習慣笑，任何小事都可以讓小孩樂不可支。向孩子們學習吧，鼓勵自己在笑聲中享受人生。

12

試試看
把榮耀歸給他人

　　雖然阿姆斯壯是踏上月球的第一人，他的搭檔艾德林卻是
由別的星球回到地球的第一個人。

　　人生不是競技，不必把搶得先驅當成最大的光榮。當了第
一的人也許是脆弱的，習慣了眾人之上的滋味，如果哪一天不
再是第一，感受的可能就是悲涼。

PART 2
打造完美性格一定要做的事

第一次登陸月球的太空人,其實共有兩位,除了大家所熟知的阿姆斯壯之外,還有一位是艾德林。當時阿姆斯壯說了一句話「我的一小步,是全人類的一大步」成為家喻戶曉的名言。

在慶祝登陸月球成功的記者會中,有一個記者突然問艾德林一個很特別的問題:「讓阿姆斯壯先踏出去,成為登陸月球的第一個人,你會不會覺得有點遺憾?」

在全場尷尬的氣氛下,艾德林很有風度地回答:「各位,千萬別忘了,回到地球時,我可是最先出太空艙的。」他環顧四周笑著說,「所以我是由別的星球回到地球的第一個人。」

當下大家給予了他最熱烈的掌聲,肯定了他對名利豁達的氣度。

有一天,一位朋友來到居里夫人家做客,忽然看見居里夫人的小女兒正在玩英國皇家學會剛剛頒發給夫人的一枚金質獎章。

朋友大驚道:「現在能得到一枚英國皇家學會的獎章是極高的榮譽,你怎麼能給孩子玩呢?」

居里夫人笑了笑說:「我是希望讓孩子從小就知道,榮譽就像玩具,只能玩玩而已,絕不能永遠守著它,否則就將一事

無成。」

淡泊名利就是成就偉大的基本品德之一！

戰國時期的一代名將吳起是一流的謀略家，也是典型的名利狂。為了求名，他不擇手段。為了贏得魯國國君的信任，他竟然親手殺了當初帶著大量金銀珠寶與他私奔的愛妻，就因為妻子是齊國的女子（魯國的敵國）。他雖然名揚四海，然而每次功成名就時，卻又遭到小人暗算，跌回原形，三起三落。

因求名而得以名垂青史，是吳起的成功之處。因為享有盛名卻不避嫌收斂而喪失性命，又是他失敗之處。在通往名利的道路上，吳起不正是最好的借鑑嗎？

孔子說：「學習三年卻沒有做官的念頭，是很難得的事。」

專心致志的用功，只因為喜歡讀書而不含任何功利思想，是非常難能可貴的。儒家所崇尚的正是這種生活哲學，讀書的目的是學習做一個真正的君子。讀書是一條道路，一種方法，它使你瞭解人類社會所走過的歷程，正視自己的位置，展望未來的道路。它會給你一把開啟世界的神奇鑰匙，你的胸襟也隨之拓展。

有的人讀書只是為了求名求利，甚至因為讀了更多的書，

把所瞭解的常識應用為欺世盜名的手段,這些人並沒有真正體悟到求學問道的含義。「學而優則公」,為天下百姓造福是許多讀書人的夢想,但卻不是求學的終極目的,更不要把學問看作升官的籌碼。「學」的最高境界是為了在生活中做一個實踐道德的君子。

古人說:「為了天下平民百姓所進行的措施,就叫做事業;為了一家人所進行的措施,就叫做產業;某項行為對天下人都有損害,只對一家人有利,就叫做冤業。把產業當作事業,人們必然怨恨;把產業當作冤業,上天勢必將毀滅它。」

「悖逆事物而入的人,也必定會悖逆而出」,這是人們不得不警惕的。一個人要想培養自己高風亮節的情操,首先要做到「如果不是屬於我所有的,雖一毫也不能取」。所以要能夠安分、安貧、安心不動,要做到少慾望、少貪得、少求取。

宋凌沖任合山知縣,素有清廉之名,只要於義於理不合,他一毫也不妄取,百姓稱頌他的德行。任期結束後歸鄉時,正在收拾行李的宋凌沖發現行李中有一塊硯台,他拿出來看看說:「這不是我到這裡時帶過來的東西。」於是命人還回去。這不就是「如果不是屬於我所有的,雖一毫也不能取」的最好例證

嗎？

　　治理百姓的官員，之所以被稱為父母官，就是希望他們要服務於人民，而不是在人民之上作威作福、暴斂民財。所以宋代張之才做陽城知縣，任期將屆辭行時，做了一首詩：「一官來此四經春，不愧蒼天不愧民。神道有靈應信我，去時猶似到時貧。」

　　關於這項道理，唐伯虎也有詩云：「釣月樵雲共白頭，也無榮辱也無憂；相逢話到投機處，山自青青水自流。」如果人人都能了悟「山自青青水自流」的境界，就自然萬事不會求助於人了。「百年隨手過，萬事轉頭空」這樣又有什麼可求？又有什麼求不得？又何必徒自貶抑，自招屈辱？陶淵明的詩中說：「富貴非吾願，帝鄉不可期。」這就是自知自足。

　　貧而安於貧的人是富；賤而安於賤的人是貴。無求就是富，無求就是貴。自富其富，自貴其貴於內。

　　宋代的處士魏舒，力求隱居不做官，他也曾經做詩表露自己的心跡，詩中寫道：「有名閒富貴，無事散神仙。洗硯魚吞墨，烹茶鶴避煙。」儘管宋真宗多次下詔書徵召，他都不出任，並對來使說：「九重丹詔，休教綵鳳銜來；一片閒心，已被白

雲留住。」皇上非常欣賞他的志向，故順其意不再徵召。魏舒最後老死在深山岩石之間。這就是閉門於處，盡力修養內在的功夫。

一個真正完美的人，並不需要榮譽。但因為榮譽的存在，他也可能獲得人民的擁戴，然後取得成功造福他人。

所以，一個人在創業時，不妨用榮譽來稍稍矜誇一下自己。因為，道德在年輕人身上最初萌芽，就是在人們的稱讚下產生自我榮譽感。如果內心沒有因為擁有道德的崇尚而自豪，那麼就會阻礙我們通向完美。

所以，明智的人不會因為人們為自己準備了塑像為榮，甚至對這種敬意不以為然。他們唯一願意聆聽的就是自己內心的聲音，因為他們看重的是自己的行為和舉止。

告訴自己的孩子不要獨佔榮譽，而且要立即轉送給那些默默無聞地幫過你的朋友或部屬，和他們一起分享榮譽。要知道，你現在的成就並不完全是由你一個人創造出來的，只是你從沒發現過而已。如果你隨時都這樣想，這一種完美和諧的感覺才會在你的內心中逐漸浮現，並反映在你的人際關係上。

13

珍惜
自己擁有的一切

　　我曾因為沒有鞋子而沮喪，直到我有一天在街上遇到了一個沒有腳的人。人生最可憐的事，是面對自己所擁有的，卻不知道它多麼珍貴。

　　馬斯洛說：「心若改變，你的態度跟著改變；態度改變，

你的習慣跟著改變;習慣改變,你的性格跟著改變;性格改變,你的人生跟著改變。」

我們必須相信:目前我們所擁有的,不論順境、逆境,都是對我們最好的安排。若能如此,我們才能在順境中感恩,在逆境中依舊心存喜樂。

一天早餐後,有人請佛陀撥空指點迷津。佛陀邀他進入內室,耐心聆聽此人滔滔不絕地談論自己存疑的各種課題。最後,佛陀舉手,此人立即住口,想要知道佛陀要指點他什麼。

「你吃了早餐嗎?」佛陀問道。

這人點點頭。

「你洗了早餐的碗嗎?」佛陀再問。

這人又點點頭,接著張口欲言。

佛陀在這人說話之前說道:「你有沒有把碗擦乾?」

「有的,有的,」此人不耐煩地回答,「現在你可以為我解惑了嗎?」

「你已經有了答案。」佛陀回答,接著把他請出了門。

幾天之後,這人終於明白了佛陀點撥的道理。佛陀是提醒他要把重點放在眼前 —— 必須全神貫注於當下,因為這才是真

正的要點。

從前，一個富人和一個窮人談論什麼是快樂。

窮人說：「快樂就是現在。」

富人望著窮人的茅舍、破舊的衣著，輕蔑地說：「這怎麼能叫快樂呢？我的快樂可是百萬豪宅、千名奴僕啊。」

有一天，一場大火把富人的百萬豪宅燒得片瓦不留，奴僕們各奔東西。一夜之間，富人淪為乞丐。

七月大旱，汗流浹背的乞丐路過窮人的茅舍，想討口水喝。窮人端來一大碗清涼的水，問他：「你現在認為什麼是快樂？」

乞丐眼巴巴地說：「快樂就是你手中的這碗水。」

大衛‧葛雷森說：「我相信，現在未能把握的生命是沒有把握的；現在未能享受的生命是無法享受的；而現在未能明智地度過的生命是難以過得明智的。因為過去的已過去，而未來卻無人能知。」

智慧的人多能頓悟人生，看淡塵世的物慾，抵禦各種誘惑，捨棄煩惱和痛苦，珍惜光陰，提高生活的品質，豐富人生的內涵，踏踏實實做些有利於社會的事情。愚蠢的人總是混沌度過人生，只會貪求名利，每天在煩煩惱惱中度過，過早地耗盡生

命的燈油。昨天已是過去，明天還未到來，最重要的還是今天。昨天只是一種記憶，隨著時間的流逝，這種記憶會逐漸被淡忘。明天是一種虛幻，過度沈溺只會增加莫名的痛苦。

我們的眼、手、整個心靈和身體都生活在現在，也只能生活在現在，為什麼要去一遍又一遍地回顧往事、憂慮未來呢？實際上，過去的事情不論多麼值得留戀，多麼需要悔恨，那也只是毫無意義的心理反應，「過去」已經過去了、已經不存在了，而未來尚未到來，也是不存在的。人生就像爬山登高，爬在中途的時候，不必往下看，也不要汲汲營營地往上看。因為你不大可能看到頂峰，不大可能看得很遠、很清楚，何必為看不清楚的未來費神費力，突然分散注意力呢？

有一位國王，常為過去的錯誤而悔恨，為將來的前途而擔憂，整日鬱鬱寡歡，於是他派大臣四處尋找一個快樂的人，並把這個快樂的人帶回王宮。這位大臣找了好幾年，終於有一天，當他走進一個貧窮的村落時，聽到快樂的歌聲。循著歌聲，他找到了正在田間犁地的農夫。

大臣問農夫：「你快樂嗎？」

農夫回答：「我沒有一天不快樂。」

　　大臣喜出望外地把自己的使命和意圖告訴了農夫。農夫不禁大笑起來，他又說道：「我曾因為沒有鞋子而沮喪，直到我有一天在街上遇到了一個沒有腳的人。」

　　快樂是什麼？快樂就是珍惜你現在擁有的一切，如此簡單而已。

　　人生最可憐的事，不是生與死的訣別，而是當面對自己所擁有的，卻不知道它是多麼的珍貴。

　　從前有一個流浪漢，年紀輕輕面對現況卻從來不知進取，每天只知道手上要拿著一個碗向人乞討度日。終於有一天，人們發現他潦倒而死了。

　　他死後，棲身之處只剩下他天天向人要飯的碗，有人看到了這個碗，覺得有些特別，帶回家裡仔細研究後才發現：原來流浪漢用來向人乞討的碗，竟是價值連城的古董。

　　我們應該多注意自己手中所捧的那只碗，不要總是眼高手低，一味地羨慕別人，而忘了自己本身原有的價值。

　　傳統觀念和社會環境總是要求人們為將來犧牲現在。如果真的採取這種態度生活，按照邏輯來說就意味著沒有現在只有未來，不僅要避免目前的享受，而且要永遠迴避幸福。因為我

們所指望的將來一旦到來，也就成為那時的現在；而在那時的現在又要為那時的將來做準備。如此明日復明日，幸福豈不永遠是可望而不可及嗎？

當然，寄希望於未來，為學習和工作上的目標奮鬥，期望生活改善、事業有成，這當然沒有錯。人應該生活在希望中，並以此來督促自己從消沉的情緒中解脫出來。懷抱未來希望，是為了現在腳踏實地的努力，而不是迴避現實，老是空想未來多麼美好。

當美好的那一天到來時，往往是平淡無奇不如想像那麼美好的，激動一時之後，又會面臨新的矛盾和難題。總是把未來理想化很容易令人脫離實際，所以我們應該同時生活在現實和希望中，不該總是生活在對未來的幻想中。要打破這種惡性循環，因為它讓你放棄了現在。

生命只有一次，昨天是作廢的支票，明天是一張未到期的支票，只有今天才是我們所擁有的現金！只有這樣做，才算是選擇了自由、充實、愉快生活。每個人都可以做出這樣的選擇，體現生命的意義和人生效率的原則！

用法國思想家蒙田「該舞就舞，該眠就眠」樹立孩子的思

想意識。從現在開始，要把握、珍惜身邊所有的人、事、物，認真經營你的生活，要學習活在當下。世間最珍貴的不是「得不到」和「已失去」，而是現在能把握的幸福。

PART 3

不斷提升自我一定要做的事

　　生活在這個環境裡，每天都會遇到很多不想面對的問題和挑戰，與其擔心、恐懼、逃避，不如提升自己，用享受的心態來接受這一切。

　　與你的孩子一起，真心面對困難，才能認真解決問題；主動迎接挑戰，才能不斷戰勝困難；勇於承擔責任，才能擔當大任；不斷閱讀，才能汲取知識，不斷提升自我、豐富內心、享受幸福！

14

動腦筋
用心解決問題

思考可以改變命運。這個世界從來不缺會做事的人，缺的
是會思考的人。每個人都能成為成功者，只要你善於思考和發
現！

在遇到問題時能夠勤於思考、多動腦筋、用心工作的員工，

肯定比那些僅用四肢工作的員工更有績效。無論工作還是做事，無論它有多麼艱難，只要你全力以赴、用心去做，就一定能化難為易。一個人能夠成功，多半都是因為他遇到事情時，很用心去思考，動腦筋解決問題，要知道善於動腦分析並妥善解決問題的人，為社會帶來的價值是金錢所不能買到的。

人的一生總不可避免地會遭遇到各種各樣的問題，要及時地解決這些問題，就需要用心思考，然後提出解決的辦法。

如果想要成功，想要將自己的人生價值放到最大，就要勤於思考。不管看到什麼，都要仔細觀察，把用心思考變成你的習慣。你如果能夠習慣於思考，善於質疑，一定會發現：答案可能就在你的面前。

家喻戶曉的華人首富李嘉誠之所以能成為首富，就受益於他不斷思考的習慣。從打工的時候起，他就是一個勤於思考的高手。

李嘉誠的父親是一位教師，他非常希望李嘉誠能夠考上大學。但是，父親的突然辭世，使得這個夢想破滅了，家庭的重擔全部落到了當時才十多歲的李嘉誠身上，他不得不靠打工來維持整個家庭的生計。

　　李嘉誠先是在茶樓做跑堂夥計，後來應聘到一家企業當推銷員。推銷員就是要經常在外跑來跑去，這一點難不倒他，第一個工作在茶樓就是成天在外場跑前跑後，早就練就了一副好腳力，但最重要的還是怎樣才能把產品推銷出去。

　　有一次，李嘉誠要推銷一種塑膠灑水器，一連走了好多地方都吃了閉門羹。一個上午很快就過去了，一點收穫都沒有，如果下午還沒有進展，他回去就無法向老闆交代了。

　　儘管業績不理想，他還是不停地為自己打氣，精神抖擻地一棟接著一棟辦公大樓一一拜訪。他進到一處舊大樓發現走道上灰塵很多，突然靈機一動，他沒有直接去推銷產品，而是到了洗手間，把灑水器裡裝滿了水，然後將水灑在走道上。非常神奇，經他這麼一灑，原來很髒的走道，一下子就乾淨了。這麼一來，立即引起了辦公大樓管委會的注意，一下午，他就賣掉了十多台灑水器。

　　李嘉誠這次的推銷業績為什麼這麼成功呢？原因在於，他把握了一個訣竅：要讓客戶動心，就必須把握客戶的心理──聽別人說有多好，不如自己親眼看到有多好；看到有多好，不如真正用用看有多好。總是滔滔不絕地說自家的產品好，還不

如親自示範，讓大家看到使用後的效果！

在推銷過程中，李嘉誠總是能夠做到用心思考。在做了一段時間的推銷員之後，公司老闆發現，李嘉誠跑的地方比別的推銷員都多，成交額也最高。

他是如何做到這一點的呢？原來，他將香港分成了幾個區域，對每一個區域的人員結構進行分析，瞭解哪一區域的潛在客戶最多，機會最大的地方就盡全力重點出擊，這樣一來，他的投資報酬率自然比別人高了。

縱觀李嘉誠的奮鬥史，其實就是一個不斷用思考改變命運、用智慧贏得成功的歷程。無獨有偶，遠隔重洋的美國石油大王洛克菲勒也是靠自己勤於思考的習慣，締造了龐大的洛克菲勒財團。

洛克菲勒年輕時在一家石油公司工作。他學歷不高，不會什麼技術，他的工作內容也完全沒有重要性，就是查看生產線上的石油桶蓋是否自動焊接封好了。

如此單調的工作日復一日，令洛克菲勒很是厭煩。他也想過改行，但又苦於找不到別的工作，只好堅持做下去。

後來，洛克菲勒對整個工作的流程開始認真觀察。他發現

罐子每次旋轉一周，同時焊接劑滴落三十九滴，焊接工作即告結束。他思考著，眼前這簡單至極的工作，是否有什麼可以改進的地方？有一天，洛克菲勒突然想到：如果能把焊接劑減少一兩滴，是不是會節省生產成本呢？

說做便做，經過多次試驗之後，洛克菲勒研製出三十七滴型焊接機，但是那台機器焊接出來的石油罐偶爾會漏油，品質缺乏保障。他並沒有因此而灰心，又研製出三十八滴型焊接機，這次效果令人非常滿意。不久，公司便推出了這種機器，採用了洛克菲勒的焊接設計方式。

新機器節省的雖然只是一滴焊接劑，但長年累月下來，卻也省下了很大一筆開支。因為善於發現、思考和解決問題，這位平凡的美國青年從最微不足道的工作中，做出了不平凡的成績，為自己的人生打開了成功之門。

洛克菲勒的故事給我們的啟示是：一個不會用心思考的人，無論做什麼事都難有作為。

北宋時期著名的書法家米芾，自幼喜歡書法，但一直苦於沒有突破性的進展。後來，他聽說村裡來了個書法超凡入聖的秀才，於是跑去請教。

秀才拿了本字帖給他說：「向我學寫字，必須用我的紙。」

米芾說：「好的，我一定照您的指示去做。」

秀才說：「但是我的紙非常貴，要五兩銀子一張。」

由於紙張很貴，米芾只是用手指在桌面上來回照著寫，久久不肯下筆。

秀才知道了，責問：「不寫如何練書法？」

米芾就非常用心地寫下了一個字，結果寫出來的字比字帖上更有力量。

秀才說：「以前你寫字總是不能用心。這次由於紙張很貴，所以你就很用心地去思考，然後再落筆。現在，你已經突破了你自己，將來定能成為一個大書法家。」

這個世界從來不缺會做事的人，缺的是會思考的人。每個人都是與身邊的人在一起學習或工作，智商差異並不太大，差距就在於看誰思考得多、思考得深、思考得對。要積極引導孩子從小就成為愛思考的人，告訴他：坐在那裡默默沉思是一種思考，把自己的所讀所想記述下來、表達出來，也是一種思考，長期習慣思考，必有大進步！

15

體會
主動自覺的力量

不能自發主動做事的孩子是無法在社會中生存的，所以真正的教育並不是給予援助，而是培養孩子的主動性和自發性。

常言説：「牛不喝水強按角。」強按牛角，牛就願意喝水了嗎？如果一個人內心沒有自動自發、主動學習的慾望，一切來自他人的強制行為都是沒有效率的。想要讓自覺主動的學習成為一

PART 3
不斷提升自我一定要做的事

種興趣、習慣和能力，必須要從小就開始培養。

想要體會主動自覺的力量首先要自立。所謂自立就是自我獨立的能力。自立能力是一個人的重要素質，是以後培養實際工作能力和創新能力的基礎，一個人有良好的自立能力，對自己的人生就會更加積極。

孩子在精神上是否開始獨立，只要看一看他自己處理生活的情況就明白了。生活自理是一個人立足於社會的基礎，很難想像一個不會管理好自己日常生活的人，如何能活躍在社會舞台上。

教育專家總是提倡，自理能力必須在幼兒時期就開始培養，因為在這個時期幼兒的可塑性最大，也最容易接受新奇、有趣的東西，錯過了便很難再找回來。我們真的不希望看到，一個二十幾歲的大人連自己的衣服都不會洗，吃飯都成問題。所以，從小培養孩子的自理能力，是迫在眉睫的任務。

任何人在沒有興趣時，便不會主動做事；在沒有目標時，也不會主動做事；認為不是自己的事情時，不會主動做事；不開心時，不會主動做事；沒有辦法時，不會主動做事；心裡恐懼時，不會主動做事……

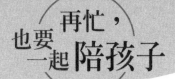

　　面對這麼多可能影響孩子發展主動自發性格的因素，我們到底該如何做，才能引導孩子擁有這樣的性格呢？

　　第一、父母以身作則。用自己的行為來影響孩子，從小培養孩子對長輩孝敬，以及為社會大眾服務的心才是根本。

　　第二，讓孩子自覺、主動地處理問題。首先要啟動他內在的主動性，開啟他心靈的發動機，激發他對事物的興趣，從最簡單的事情開始練習起。比如說：想培養孩子的寫作能力，就要使孩子對寫作產生內在的驅動力量，把書中的知識化為己有，從小以寫日記的方式開始培養，把每天有趣的事記下來，把每天印象深的事也記下來。先養成習慣，不知不覺中，孩子就能寫出好文章。

　　第三，任何正確的作法都需要不斷地改變。如，讓孩子輕鬆、快樂地去寫作，用啟發性的提問，激發大腦去思考，引導正確的方向。以清晰的思路激起孩子們對未來美好前景的想像，以挑起學習的慾望。

　　第四，給孩子一個主動選擇學習興趣的空間和時機。對於孩子所作所為，一要有理智，二要有原則，三要有耐心，四要有方法。讓孩子有選擇的空間和機會。

PART 3
不斷提升自我一定要做的事

第五，讓孩子自己樹立一個目標，並隨時記得，立志去學習。從心理的角度來說，一個人想把某件事情做好，除非他對這件事有特別的興趣和自我內在驅動力，否則不可能會做得好，也不可能堅持到底，親子教育也是激勵啟發和培養興趣的過程。幫助孩子從小就樹立一個大方向，為了實現這個大目標，每天都要完成一個小目標，就這樣一點一點地去做，讓孩子每天都看到勝利的曙光。就這樣一個階段、一個階段的完成，一件事、一件事的實現，孩子每天都因為這樣的激勵感到興奮，感到希望，每天都覺得自己是一個勝利者。當孩子遇到能力不足的時候，要給予啟發性的輔導，每天適度的鼓勵，不斷地培養孩子的興趣。興趣是最好的老師，對目標有更深的瞭解，才能培養出真正的興趣。

第六，心理壓力過大，會使孩子對目標感到乏味，導致成效不彰。這就要從調整心態開始，解決了心理問題就解決了學習問題。面對太大的目標，孩子也提不起勁，想讓孩子轉化，朝著正確的方向進展，就要付出時間和耐心。台語說：呷緊弄破碗。意思是說：凡事要按部就班，囫圇吞棗的結果，什麼效果都沒有。學習知識，培養性格，提升能力更是一個循序漸進

的過程。

第七，瞄準目標，每天進步一點點，每取得一個小勝利，就會為孩子帶來一些勇氣，如此反覆地去做，就會逐步到達目的地。就像爬山，在孩子的身體還未完全發育好時，先牽著孩子一個台階一個台階的爬，每上一個台階，他的信心就會增加一點，每多一份信心就多增添一份勇氣。當孩子能力越強時，自然就可以獨立地行走。不只是身體的運動，心智上的學習也是一樣的道理，明確目標，樹立自信，培養心智，孩子的成長更加指日可待。

第八，方法不當，學習時間再長，也是徒勞無功。老觀念或方法，在某些時候可能無法分析出新事物、新問題的重點。為了孩子的成長，家長必須要加強學習，改變觀念，改變方法。如果從孩子從出生就一直用父母承接自長輩的那一套方法，固執己見，遲遲不能改變，可能使得「問題孩子」越來越多。最後父母再回過頭來，怪孩子不成器，也於事無補。

在教育子女的過程中，決不能掉以輕心，要培養孩子解決問題的主動和自覺性。既然父母不能代替孩子成長，也就不能代替孩子解決過程中所遭遇的痛苦。否則，縱有遼闊的天空，

孩子也永遠學不會飛翔。

主動自發並不是可有可無的家庭教育。它們之所以重要，就因為那是做人的基本特質之一。能夠主動自發做事的人，才懂得獨立思考，才能夠在遇到問題的時候做出自己的選擇，擁有創造精神，做出與眾不同的事情。孩子無法主動自發地做事，肯定就是父母的失職，有計劃地培養孩子這兩方面的能力，才能讓孩子成長為獨立自主、身心健康的人。

動物會在孩子長大後將牠們從身邊趕走，因為大自然的殘酷，逼迫著牠們必須儘早訓練孩子獨自生存的能力。這種行為看起來似乎殘忍，實則是最有利於孩子成長的做法。沒有真正面對、親手處理過現實世界，是無法在社會中生存的，所以，真正的教育並不是給予援助，而是教會孩子面對事物的主動性和自覺性。

一個人之所以能夠適應未來社會，離不開勤快的雙手與勤奮的大腦，而他們的雙手和大腦只能由他們自己支配才能發揮作用，為人父母者，千萬要正確引導呀！

16

認真負責地
完成該做的事

　　每一次帶著孩子進行親子活動的耐心積少成多，最終必將換來孩子能夠有效地完成任務，累積孩子的自信心，同時也訓練他的耐心！

　　做事就要採取認真負責的態度，絕不能敷衍塞責、得過且過。唐代著名詩人李賀，非常有天賦，七歲就能寫出很精彩的

PART 3
不斷提升自我一定要做的事

詩歌和文章，受到當時上流社會人士的讚賞，被認為是小神童。儘管李賀聰穎過人，但他依然十分認真負責，從無絲毫的懈怠，作文、寫詩都非常嚴肅認真，從不馬虎草率。

李賀寫詩作文章，有個與眾不同的習慣。他從不閉門造車冥思苦想，反而十分注重搜集材料、累積心得、捕捉靈感，他特別注意觀察生活和實地考察。經常每天早上騎著家裡那匹瘦馬外出遊覽，一旦有了什麼見聞或心得體會，當即便記錄下來，裝進隨身攜帶的繡花錦囊之中。一直到太陽下山的時候，李賀才會往回家的路上走去，到家常常已是掌燈時分，家人們早已吃過晚飯了。

李賀回到家後，他母親總會趕緊叫僕人端上熱過的飯菜，可是李賀依然沒有立刻去吃飯，而是將白天寫的那些草稿從錦囊中取出來，及時修改、整理，然後謄寫清楚，再集中放入另一個繡花錦囊之中。一切都整理好之後，這才去吃飯，從不懈怠。

一天晚上李賀回到家，同樣做完了一切工作躺下睡著後，他的母親來到他的房間，取過錦囊，將裡面的東西全倒出來一看，竟都是些詩稿、筆記，除此以外，別無他物。

　　李賀雖然很年輕時就去世了，但很多的詩作卻是人們一直都非常喜愛的傳世佳作。李賀的故事告訴我們：認真負責地做人做事，才是安身立命的本錢。

　　當孩子耐心地完成一件事情後，無論做得完不完美，都應給予鼓勵。你可以指出需要改進的地方，但盡量少一些指責，畢竟對孩子而言這也是一種成功的體驗。父母每一次帶著孩子進行親子活動的耐心，積少成多，最終必將換來孩子有效地完成任務，累積孩子的自信心，同時也訓練他的耐心！

　　訓練孩子的耐心不是一朝一夕就可以達成的，需要大人身體力行的榜樣，還有對孩子的協助，才可以幫助孩子養成好習慣。培養孩子的耐心是保證孩子能夠認真負責、有始有終地完成一件事情的前提條件。

　　相對於認真負責，敷衍了事的態度只會害了自己。在一座大型機構專屬的雄偉建築物上，有句感人至深的格言：「在此，一切都追求盡善盡美。」「追求盡善盡美」，值得作為每個人一生的格言。如果大家都能實踐格言，下定決心無論做任何事情，都要竭盡全力，以求得盡善盡美的結果，那麼人類的福利將得以大躍進。

PART 3
不斷提升自我一定要做的事

　　人類的歷史，充滿著由於疏忽、畏難、敷衍、偷懶、輕率而造成的可怕慘劇。兩百年前，在賓州的奧斯汀鎮，因為在築堤工程中，沒有照著設計去築地基，結果堤岸潰決，全鎮都被淹沒，無數人死於非命。像這種因疏忽而引起悲劇的事實，在這片遼闊的土地上，隨時都還有可能發生。無論什麼地方，都有人犯下疏忽、敷衍、偷懶的錯誤。如果每個人都具有高尚的人格，憑著良心做事，並且不怕困難、不半途而廢，那麼一定可以減少許多人為的慘禍。

　　一旦養成了敷衍了事的惡習，做起事來往往就會不誠實。這樣，最終他的工作和人品必定不為人所信任。粗劣的工作品質，不但使效率降低，還會使人喪失做事的能力。所以說，粗陋的工作，實在是摧毀理想、墮落生活、阻礙前進的大敵。

　　要實現成功的唯一方法，就是在做事的時候，下定非成功不可的決心，抱著追求盡善盡美的態度。而那些為人類創立新理想、新標準，扛著進步的大旗、創造幸福的人，就是具有這樣特質的人。

　　有人曾經說過：「輕率與疏忽所造成的禍患不相上下。」有許多人之所以失敗，就是敗在做事輕率這一點，這些人對於

自己的工作從來不會做到盡善盡美。

有許多人在尋找發揮自己本領的機會。他們常這樣問自己：「做這種乏味平凡的工作，有什麼希望呢？」可是，就是在極其平凡的職業中、極其低微的位置上，往往藏著極大的機會。只有把自己的工作，做得比別人更完美、更迅速、更正確、更專注，充分利用自己全部的智力，從舊工作中找出新方法來，這樣才能引起別人的注意，使自己有發揮本領的機會，滿足心中的願望。所以，不論月薪多麼微薄，都不該輕視鄙棄自己目前的工作。

在做完一件工作以後，應該這樣說：「我很高興有機會做這份工作，我已竭盡全力、盡我所能地完成了它，我更願意聽取人家對我工作的批評。」最有成就感的工作，需要經過充分的準備，並付出最大的努力，認真負責的完成。

英國的著名小說家狄更斯，在沒有完全準備好文章內容之前，決不輕易在聽眾的面前誦讀。他的規矩是每日把準備好的材料讀一遍，直到六個月以後才讀給公眾聽。法國著名小說家巴爾扎克會為了寫一頁小說，花上一整星期的時間去體驗生活，思考情節。

PART 3
不斷提升自我一定要做的事

　　許多人工作品質粗劣，借口說是時間不夠。其實按照各人日常的生活習慣來看，每個人都有一樣充分的時間，都可以做出最好的工作。如果養成了做事追求完美、善始善終、認真負責的習慣，人的一輩子必會感到無窮的滿足。而這一點正是成功者和失敗者的分水嶺。

　　成功者無論做什麼事情，都力求達到最佳境地，認真負責地完成目標；成功者無論做什麼職業，都不會輕率疏忽。從自己開始做起吧，給孩子最好的榜樣，培養孩子認真做事的態度。

17

勇於承擔
屬於自己的責任

　　贏家從來就不怕犯錯，只怕做錯了不敢承擔。成功的人之所以成功，是因為敢於承擔責任並吸取教訓。

責任感是一種高尚的道德情感。當一個人對自己的言論、行為、承諾等，抱持認真負責、積極主動的態度，就是所謂的責任感。

　　有了責任感，便會對某些情緒有所體驗。比如說：承諾實

現了以後，因為努力完成了任務，所以會感到滿意、心安理得。雖然由於客觀原因未能達到被要求的目標，但自己已經盡了全力，所以雖然遺憾，但仍然問心無愧。相反地，如果沒有盡到所有責任，則會感到慚愧、不安、內疚等等。

責任感一旦產生，就可以有效地提高學習的積極度，自動自發地加強意志鍛鍊，促進個性的全面發展。

金無足赤，人無完人。人生在世沒有人會不犯錯誤，有的人甚至一錯再錯。既然錯誤無法避免，那麼可怕的就不是錯誤本身，而是不敢承擔責任，錯上加錯。

人非聖賢，孰能無過，知錯能改，善莫大焉。發現錯誤的時候，不要採取消極的逃避態度。而該想一想自己應怎樣做才能盡力彌補過錯。只要你能以正確的態度對待它，勇於承擔責任，錯誤不僅不會成為你發展的障礙，反而將成為你向前的推進器，敦促你不斷地快速成長。任何事情都有它的正反面，錯誤也不例外，關鍵就在於你從什麼樣的角度去看待它，以怎樣的態度去處理它。

漢磊是某化工廠的財務辦事人員。一天，他在做薪資表時，將一位請過病假的員工定為全薪，忘了扣除他請假那幾天的工

資了。漢磊發現後找到這名員工，告訴他下個月必須要把算錯的金額扣還。但是這名員工說自己手頭正緊，請求分期扣還。但漢磊並沒有權限這麼做，必須請示老闆。

漢磊認為，老闆知道後一定會非常不高興，但這場混亂都是因為自己造成的，所以自己必須負起這個責任，於是他決定去跟老闆認錯。

當漢磊走進老闆的辦公室，說出自己犯的錯誤後，沒想到老闆竟然說這不是他的責任，而是人事部門的錯誤。漢磊強調這是他的錯誤，老闆又指責這是會計部門的疏忽。當漢磊再次認錯時，老闆看著漢磊說：「你很不錯，在做錯事情的時候主動承認，不推到別人的身上，這種勇氣和決心非常好。好吧，我同意用分期的方式，你去把這個問題解決掉吧。」事情就這樣解決了。從那以後，老闆更加器重漢磊了。

如果只想著顧全面子，不敢承擔責任的話，那最後吃虧的永遠都是自己。假如你犯了錯，也知道免不了這個責任，搶先一步去承認自己的錯誤，不失為最好的方法。自己譴責自己，總比等別人來罵好受得多。如果能夠勇於承認錯誤，並把先一步把責備的話說出來，十之八九都會獲得寬容。我們都只是平

PART 3
不斷提升自我一定要做的事

凡人，在做事的過程中難免會犯錯。雖然有些人事先已經察覺到了自己的錯誤，但卻沒有勇氣承認，甚至努力撇清，把犯錯的理由歸結於別的因素。從這些人的想法來看，承認錯誤就意味著要受到責罰，但他們卻沒有意識到狡辯和托詞也意味著逃避責任，在主事者的眼裡，逃避責任才是更嚴重的錯誤。

小劉在一家工廠擔任技術員。經過幾年的訓練，工作表現得到肯定，並且被提拔為該產線的副主任，負責生產技術工作。

有一次，小劉負責的生產線發生了一些問題，產品品質受到了影響。他看過之後，便立即斷言是原料的比例不對，他認為只要換了新廠商所提供的原材料後，原有的比例就必須改變。

但經過了調整之後，情況並不見好轉。此時，另一位技術人員提出了不同的見解，認為問題的癥結並不是新的原料或比例不對的關係，問題出在設備本身。

對於技術員的觀點，小劉其實打心底認為是合理的，但是，他覺得自己是負責全產線技術的執行者，今天自己的判斷出現了失誤，就必須承擔一定的責任。為了避免責任，他一方面繼續堅持自己的看法，另一方面也找了專門人員，對設備進行必要的維修和調整。但是由於擔誤了時機，問題最終還是爆發了，

造成了公司巨大的損失，而小劉羞愧之餘也提出了辭呈。

有很多人習慣於好高騖遠，總是不願踏踏實實地工作，工作中出現一些小問題也不願深究。他們的觀點是：「如果我所犯的錯誤十分嚴重，我一定會承認；如果是芝麻大的小錯，那麼認真計較，難免有點小題大做，依我看根本沒有這個必要。」如果你也是這樣看待錯誤的話，那就真的錯得離譜了。工作無小事，更無小錯，百分之一的錯誤往往可能帶來百分之百的失敗。

人一生可能犯的最大錯誤，是因為怕做錯而不敢嘗試。贏家從來就不怕犯錯，只怕做錯了不敢承擔。有的人成功了，是因為他們敢於承擔責任並吸取教訓。所以遇到問題不要畏懼，要勇敢地去面對，抱有這種想法的人才不會永遠與失敗相伴。

孩子最先開始有責任感，多半是因為對某項事物的喜愛。孩子會對他敬愛的人所交付的任務有責任感，同樣的任務若是由其他人交付，他就不會同樣的負責任；也會對他愛做的事有責任感，不愛做的事則沒有；慢慢發展為對自己說過的話、應該完成的任務負責;對同伴、對團體負責;到青少年期更發展為，對國家負責、對人民負責、對事業負責。家長可以從鼓勵孩子

PART 3
不斷提升自我一定要做的事

從事一些能力範圍內所能及的社會工作，藉此來培養孩子的責任感。

一個人有社會責任感，便能取得他人和社會的認可，幫忙照看小弟弟、小妹妹，主動幫助鄰居爺爺、奶奶拿東西，獲得他人及社會對自己的肯定，同時也使他感到自己的價值和意義，並從中得到樂趣，漸漸形成對社會的責任心。

家長要放手讓孩子去做，只要有能力去做，能夠承擔責任，就不要阻攔。家長可以從旁加以協助，讓孩子的體驗更加豐富更加快樂。

18

學會反省，
讓自己持續進步

　　我們常常一味地牢騷滿腹，卻不肯平心靜氣地正視自己，客觀地反省自己，問問自己「能」有幾許？「力」有幾何？

　　人生最大的成就在於不斷重建自己，使自己終於能夠明白如何生活。

　　夏朝時候，一個叛變的諸侯有扈氏率兵入侵，夏禹派他

的兒子伯啟抵抗，結果伯啟打了敗仗。他的部下很不服氣，要求繼續進攻，但是伯啟說：「不必了，我的兵比他多，地也比他大，打仗卻輸給了他，這一定是我的德行不如他，帶兵方法也不如他的緣故。從今天起，我一定要努力改正才是。」從此以後，伯啟每天很早便起床工作，粗茶淡飯，照顧百姓，任用有才幹的人，尊敬有品德的人。

過了一年，有扈氏知道了，不但不敢再來侵犯，反而自動投降了。如果你也可以在遇到失敗或挫折時，像伯啟這樣，虛心地檢討和反省自己，馬上改正有缺失的地方，那麼最後的成功，一定是屬於你的。

孔子所說的「溫故而知新。」就是不斷從過去的實踐和知識中歸納經驗。孔子認為，隨時隨地地學習，隨時隨地地反省，只要有學問，自然就能不斷地提高自己的修養。孔子教人學習，主要是學為人之道。由為己到為人，到治理天下是一致的，所以歷史上有「半部論語治天下」的故事。

北宋著名的政治家趙普，原先在後周節度使趙匡胤手下當推官。後周顯德七年，趙匡胤率軍北上，部隊到達陳橋時，趙普為趙匡胤出謀獻策，發動兵變。於是趙匡胤黃袍加身，做了

皇帝，改國號為宋，史稱宋太祖。接著，趙普又輔佐宋太祖東征西討，統一全國。後來，宋太祖任命他為宰相。

從宋太祖取得政權開始到平定南方，趙普都是主要的謀士，立了不少大功。因此宋太祖封趙普為宰相後，事無大小，都會跟趙普商量。趙普出身小吏，比起一般文臣來，他的學問當然差得多。在他當上宰相以後，宋太祖勸他多讀點書。於是趙普每次回家，就關起房門，認真誦讀《論語》。儘管每晚挑燈夜讀，他第二天上朝處理起政事來思維總還是十分敏捷，人們就流傳一種說法，說趙普是靠「半部論語治天下」的。

宋太祖死後，他的弟弟趙匡義繼位，史稱宋太宗，趙普仍然續任宰相。有人對宋太宗說趙普是粗人，不學無術，所讀之書僅僅是儒家的經典《論語》而已，不合適當宰相，宋太宗不以為然。

有一回，宋太宗和趙普閒聊，宋太宗隨便問道：「有人說你只讀一部《論語》，這是真的嗎？」

趙普老老實實地回答說：「臣所知道的道理，確實沒有超出《論語》的範圍。過去臣以半部《論語》輔助太祖平定天下，現在臣用另外半部《論語》輔助陛下，期望使天下太平。」後

來趙普因為年老體衰病逝，家人打開他的書箱，裡面果真只有一部《論語》，這就是歷史上「半部論語治天下」的典故。

趙普之所以能夠穩坐宰相之位，除了他精研《論語》之外，也離不開他將論語實踐於生活的豐富經驗，以及隨時不斷反省自己的習慣。

在貿易公司裡面任職的阿華極不滿意自己的工作。一次，他忿忿地對朋友說：「我的上司一點也不把我放在眼裡，哪天我受不了就拍桌子走人，有什麼了不起！」

「你對你們公司的流程完全弄清楚了嗎？對於他們做國際貿易的訣竅完全明白了嗎？」朋友反問道。

「沒有！」阿華回答。

「古人說『君子報仇三年不晚』。我建議你還是好好地把你們公司內部所用的一切貿易技巧、商業文書和公司組織完全弄懂，甚至連怎樣修理影印機的小故障都學會，然後再辭職不幹。」朋友說。

那人覺得朋友的建議很有道理，把公司當做免費教學的場所，什麼東西都學會了之後，再一走了之，不是既出了氣，又有許多收穫嗎？從那一天起，他默默的記、偷偷的學，甚至下

班之後還留在辦公室裡學習工作所需的專業技巧。

　　一晃眼，一年過去了。這一天，阿華又和朋友見面了。

　　朋友問：「你現在大概已經把公司的一切都學會了吧，可以準備拍桌子走人了沒？」

　　這次，阿華卻紅著臉說：「可是我發現近半年來，老闆對我刮目相看，最近更總是委以重任，又升官又加薪，我已經成為老闆眼中的紅人了！」

　　這則故事頗有幾分「歐亨利筆法」（註一）的意味。從故事中說的那個曾經極不滿意自己工作的人，現在已經打消對主管「拍桌子走人」的想法，因為他沒有理由不珍惜眼前那「柳暗花明又一村」的可人景象。一個人能在一年內由「山窮水盡疑無路」的逆境，轉而達到「柳暗花明又一村」的順境，委實令人心生羨慕。

　　然而，最值得回味的還是故事中阿華的朋友所說，充滿智慧、用心良苦的規勸之語，因為他不僅給了故事的主人阿華一個努力的方向，並且道出了人們平素極易犯錯而又極易忽視的毛病，即：如果我們在上司的心目中沒有「份量」時，我們常常一味地牢騷滿腹，抱怨上司的態度，卻不肯平心靜氣地正視

自己，客觀地反省自己，問問自己「能」有幾許？「力」有幾何？

其實，平心靜氣地正視自己，客觀地反省自己，既是人修心養性必備的基本功之一，也是增強生存實力的重要途徑。也因此，曾參那句「吾日三省吾身」能夠成為千古名言。宋代大理學家朱熹於《白鹿洞書院榜示》中也鄭重寫下「行有不得，反求諸己」八個大字。

和孩子一起準備一個記事本，在每個月的第一天，記下：

一、上個月哪些工作有完成？哪些沒有完成？

二、分析工作沒有完成的具體原因。

三、制定要在本月進行的改進計劃。

然後，嚴格按照計劃執行。到了每月最後一天，做兩件事：

一、自我評估改進計劃的執行情況。

二、請朋友或同事檢查自己是否兌現了承諾。

跟孩子一起做這些事情，使他從小就養成不斷歸納、認真反省的習慣，使孩子在學習、工作和事業上獲得持續進步！

（註一）所謂的「歐亨利筆法」就是歐亨利小說的最大特色：出人意表的結局。他的小說中，故事的情節巧妙地安排，總是展現出人意表、幽默又極具戲劇性的結尾。

19

找個理由
頒發獎狀給自己

工作和休息不一定是對立的，創造和享受絕對可以相輔相成。我們應該成為快樂的工作者，也有足夠的理由令自己快樂。

有個故事叫做「失敗有獎」。大意是説，一個男孩為了在雜誌上投稿，努力了很久，每一次滿懷希望後總是沒有如願。母親發現後，面對著孩子哭腫的眼睛説，要給他獎品叫做「失

敗獎」，因為母親感受到他勇於挑戰和勤奮努力的精神，並因此非常驕傲。這位母親的作法激勵了兒子，使他能夠用正確的態度，坦然地面對失敗。

換句話說，為自己頒獎，也是自我激勵的方式之一。誠懇的鼓勵不僅能給予別人力量，而且還可以激勵自己努力求得進步。不斷進行自我獎勵，會使你的成就和行動連成一體，為你提供持久不衰的滿足感。

最重要的是要記住，在你失敗或者失誤的時候要給自己一個吻。自我激勵，能使你的待人處世和領導管理能力逐漸成熟。不要只是在失敗後自責或懲罰自己，在取得成績的時候也要學會讚揚和獎勵自己。不吝於為自己慶祝成功，真心認為自己值得獎勵，這很可能是最重要的人生技能之一。

一個女孩曾這樣敍述自己的經歷：「小時候，幫母親做了一點家務，她就會笑著給我一顆糖；讀書時，每次考了高分，父親也會不時拿出獎品作為獎賞。那時候，經常會為了得到糖果、玩具等而主動地做家務、努力學習。

現在，我不再依賴父母的獎勵，而是不斷地獎勵自己。開始工作幾年後，我服務的公司突然宣佈破產了，有很長一段時

間，我因為膽小，害怕面試時對方跟自己說『不』而躲在家裡。幾個月過去了，我還是成天無所事事，父母用微薄的工資來養活我這個已成年的『小孩』。有一天，我對自己說，如果今天我去應徵兩家公司，回家時就把那條心儀已久的裙子買下來。我做到了，記得當時我是用向母親借的錢來完成對自己的承諾。一星期後，我居然同時收到那兩家公司的上班通知。」

「獎勵自己」對中國人而言，尤其需要更多的學習。中國千百年來的傳統教育都強調「克己」二字，往往容易把「憂國憂民」、「艱苦樸素」這類行為過程曲解為人生追求的目標，使得中國人一輩子想到的都只是獎勵他人，或者等待他人的獎勵。

這個事實，從某種角度來看，真是有點悲哀！「不懂得休息，就不懂得工作。」這才是真正的硬道理。工作和休息不一定是對立的，創造和享受絕對可以相輔相成。我們應該成為快樂的工作者，也有足夠的理由令自己快樂，所以要懂得「獎勵自己」。換句話說，「獎勵自己」本身，就包含著工作價值的實現和對工作者本人的尊重。

為了完美，我們不曉得花了多少心血，結果呢？也許你花

了一天的時間就完成了 99.8%，但因覺得不夠完美，於是再潛心加強。一個月後，達成了 99.9%，值得嗎？多花了 30 倍的心血，進步的幅度卻只 0.1% 而已，投資報酬率也未免太低了點吧！

不完美並不代表我們就不能恭賀自己，只要能比以往進步一點，就值得我們快樂很久。

不懂得獎賞自己的人，生活總是缺少光彩。然而越是懂得隨時獎勵自己的人，越是能過著成功快樂的生活，因為他們藉由自我獎勵發揮了許多神奇的效果：

一、覺得自己越來越有信心，越來越肯定自己。畢竟別人的肯定還不如自我的肯定，而且「積小勝為大勝」是自信的基礎。

二、覺得越來越有成就感，因為你很清楚你做了什麼、完成了什麼，這是一種「自我實現」，是生命最高峰的體驗。

三、充滿了旺盛的鬥志和進取心，因為你所要的東西，不論是物質面或精神面，都會刺激你不斷地追求更上一層樓。

自我獎勵是你自己頒獎給自己，而非別人頒獎給你。自我獎勵是只要完成一項目標或任務，不管是輸或是贏，都要獎勵

自己一次。

　　如果你善於自我獎勵，善於獎勵孩子，那麼你的家庭將沐浴在一種完全積極、勝利的環境之中，可能你身邊所有的物品，背後都有一段獎勵自己的故事，那麼它們所帶給你的效果，絕對不會亞於那些錦旗或獎牌。如果你給自己的獎勵是旅遊、吃一頓牛排或看一場電影，那麼你也能永遠記得當時的心情和感受。

　　請不要吝嗇，隨時隨地獎勵自己一下。不要忘了「你自己才是你最要好的朋友、最大的客戶」。當每一項目標實現的時候，都要給自己或其他親人一些獎勵，買東西、做點不一樣的事情都可以，任何你們真正想要的、喜歡的，不論大小，都可以列出來，即使只是告訴自己「你做得真棒」也是一種獎勵。

　　切記要遵守諾言，該獎勵的事就要獎勵，該肯定的事就肯定。

PART 4

創造美好未來一定要做的事

　　努力不是為了金錢，而是為了幸福。有自己的夢想，就可以永遠自信地為未來付出，有自己的信念，就可以永不動搖的朝目標前進，這就是未來的魔力。

　　未來對每個人都是公平的，但是未來會如何，卻誰也無法斷定。唯一可以採取的行動是，從現在開始就要為了孩子的美好未來一起去做一些事情。一起融入社會，錘煉自己，一起面對困境，從容淡定，一起深入挖掘，發揮潛能，一起為了夢想，奮力打拼……

20

參與團體活動，
不與現實脫節

「真理」是不是真理，用討論分析甚或經過實驗來判斷都
無法完美證明，只有親身體驗才是硬道理。

親自體驗是檢視真理的最好方法。「真理」是不是真理，用討
論分析或是經過實驗來判斷都無法完美證明，只有親身體驗才
是硬道。每個人都是社會的一份子，所以注重社團活動是將

PART 4
創造美好未來一定要做的事

來適應社會的最好途徑，也是深入瞭解社會最有效的途徑，可以幫助每個孩子增長見識、體驗生活、感受人文、學以致用、增進友誼，這些在教室裡是很難體會得到的。參加社工活動還有一些好處，例如：賺零用錢，鍛鍊自己，累積社會經驗，使孩子能夠體會父母的艱辛。為了能讓孩子及早熟悉社會，家長要巧妙的利用周休的時間，帶領孩子深入社會參與團體活動，就可以收到很好的效果。因為這樣做有以下好處：

一、可以鍛鍊孩子勇於挑戰、勇於接觸社會的性格特質。剛開始參加活動的時候，或許有些孩子會因為害怕陌生環境，或者因為自己對這類活動沒有經驗、瞭解不夠而不敢參與。但經過一段親自參與和訓練的過程後，每個孩子在未來面對社會時，就能夠更加積極主動地爭取表現，把握所有機會。這一點，只有在他們親自參與團體活動之後才得以具備。

二、明確了解自己某些方面的不足，更明白學習知識的目的，並更加有學習動力。孩子必需要實際經歷社會的洗禮，對各方面才會有更加明確的理解，若有機會在課本上學到這部分知識時，他們才能夠將自身的感想融入，更容易掌握重點。有的孩子就是因為發現課本上的知識真正可以應用在社會生活

中，才願意相信，原來課本上的死知識其實很有用，只要願意活用，知識都不是死的。除了學習知識，還要學習真正活用知識的方法。

三、鍛鍊孩子自我歸納、自我提升的能力。在每次活動之後，父母都要和孩子一起回顧活動過程。要孩子把每一次活動結束後的收穫和感觸記錄下來。

適當的參與社會活動，可以幫助孩子確定自己的興趣、目標，主動學習並努力自我實現，是非常具有積極意義的。那麼，哪些活動適合孩子呢？就從為孩子選擇一個適合的夏令營開始吧！睡袋、野炊、玩遊戲、設有上下鋪床位的小木屋、在湖裡游泳、想家的痛苦、露天燒烤、新交的好朋友……坐下來，想想什麼類型的夏令營最適合全家人，孩子又會喜歡什麼類型的夏令營呢？通常夏令營有很多種，一日遊、寄宿型，或是參加學校或其他組織舉辦的夏令營。孩子的興趣愛好其實就是選擇夏令營時最好的參考，不管是啦啦隊、騎馬、打高爾夫、踢足球、外語、科技、藝術音樂或表演，經常都有相關團體舉辦類似的體驗營。即使你的孩子有特殊的需要，比如：氣喘、糖尿病、癲癇，或是其他特別的需求，信不信由你，這些都有機構

專門辦理適合他們的夏令營。網路是最好資源，它可以幫你找到所有類型的夏令營，試著使用網路的搜索引擎，輸入「夏令營」和一些適當的關鍵字，例如「游泳」或「舞蹈」等。要在你家附近尋找夏令營，還可以註明你所在的地區。回想一下，當你還是孩子的時候，參加學校運動會是多麼令人激動的事。奮力拼搶的場面，此起彼落的吶喊聲，頒獎時幾家歡樂幾家愁，那畫面多麼令人難忘。現在，輪到你的孩子要參加運動會了。為他準備看比賽時吃的零食和運動服。父母到場時，別忘了為所有孩子加油！多拍幾張照片放在相簿中留念。

在參加野外活動時，別急著幫孩子拍落停在肩上的昆蟲。就讓孩子體驗毛毛蟲輕輕爬過手臂的感覺，觀察牠變成一隻美麗的蝴蝶。不論蛹最後孵出的是什麼 —— 一隻色彩斑斕的大蝴蝶，或只是普通的飛蛾，你的孩子都會歡迎這個美麗的出場儀式。帶著孩子捕捉毛毛蟲，回家後為這個毛茸茸的小傢伙準備一個新家。找一個乾淨的鞋盒，在盒蓋上挖一個長方形的洞，蓋上透明的玻璃紙，並在鞋盒的四周開幾個小孔，以確保毛毛蟲有良好的通風和充足的陽光。

幫助孩子把找到的毛毛蟲，以及牠所停留的小樹枝和樹葉

一起放到牠的新家裡。在枝端上用棉線纏繞一些濕潤的棉花球，避免樹枝枯死。把盒子移到不受太陽直射，晚上也不會太冷的地方。如果孩子在養毛毛蟲的過程中提出疑問，想知道牠長大後會變成什麼，就帶著孩子查一查有關書籍。如果手邊沒有這些書，你可以讓孩子繼續把牠養大，然後讓孩子自己發現結論。收集一些雨水給毛毛蟲喝，但千萬不要讓孩子把盛滿水的容器放到毛毛蟲的盒子裡，因為那樣會把牠溺死。你可以讓孩子放一個濕的棉花球在盒子的底部，並經常更換樹葉和棉花球，毛毛蟲便可以在樹葉上獲得需要的水分。

在毛毛蟲變成蝴蝶的過程中，鼓勵孩子在日記中記下牠的細微變化，並拍下照片貼在旁邊。當蝴蝶在盒子裡拍打翅膀的時候，就是牠準備展翅高飛的時候了。為了不讓蝴蝶飛走，你可以在附近種一些蝴蝶喜歡的植物，這樣也許會吸引更多這種美麗的小精靈。

不要小看任何一次比賽或是與小動物的接觸，這些都是體驗，而且可以燃起鬥志、激發想像並促進獨立思考，對孩子未來接觸社會大有裨益。

21

面對難題時
保持冷靜

世界是不平等的，不能用自己的標準去衡量它的公平性。
應該面對社會，承認差別，努力縮小自己與別人的差距。

人生總歸是困難重重的，一旦真正領悟了這層道理，我們
才能夠瞭解並且接受這個事實，對於發生在我們身上所有的不
公平，不再耿耿於懷，人生也就不顯得那麼多災多難了。

　　大部分的人都不願意接受人生本來就遍佈艱險困頓的事實。他們總是不斷怨天尤人、自艾自憐，彷彿人生本來就應該是既舒服又順利的。他們堅持自己的難處與眾不同，他們說奇怪的困難總是降臨在自己身上，甚至所處社會階級、國家和民族都是所有不公平的起源，而別人總是得以倖免，置身事外。

　　其實，人生說穿了就是一連串的難題，端看你要面對它解決它，還是哭哭啼啼的過一輩子。生活真正的難處在於：面對問題，尋求解決之道。這是一段非常痛苦的過程，各式各樣的問題使我們沮喪、悲哀、痛心、寂寞、內疚、懊惱、憤怒、恐懼、焦慮甚至絕望，這些令人不舒服的感覺，有時比肉體的痛苦更加難以承受。正因為種種衝突造成的痛苦如此強烈，我們才開始正視問題。也正因為人生總是問題不斷，我們才覺得生活苦多於樂。因此要想順利找到解決難題的方法，就要在面對困難時保持平靜以及內心的淡定。

　　在古時候，人們就慣於思考提問，敢於探究，他們瞭解知之為知之，不知為不知，碰到一個問題，總是經由討論、請教來探索。《兩小兒辯日》中兩個小孩在爭論太陽離人遠還是離人近的問題，竟然難倒了孔子。讀了這個故事，我們發現兩個

小孩為了一個問題，不是放下也不是去問大人答案，而是在一起討論、一起探究。善於思考及提問，鑽研出問題的答案，正是面對困難時令人敬佩之處，大自然的萬事萬物令人摸不透、看不清，宇宙無限，知識無窮無盡，但如果你願意去認真觀察，靜下心來思考便會有所收穫。

我們從孔子身上，學到的是面對兩個小孩提出他無法解答的問題時，聖人並沒有因為不知道就裝作知道胡亂回答。他反而平靜對待，不怕別人嘲笑，堅持知之為知之、不知為不知。學無止境，孔子怎麼可能弄懂大自然的萬事萬物，但他能夠在這兩個崇敬他的小孩面前，只是淡然地說：「我也不知道」，真不愧是一位聖人。

戴爾是經典之作《影響力的本質》一書的作者。他創辦了一系列的演講技巧課程，據說在美國沒有人能像他這樣，成功地訓練了那麼多人的說話技巧。某個星期日的早晨，他如期地進行了一場令人難忘的演講。在演講中間，他一度因為過於激動說不出話來。在這段不算短的時間內，聽眾全都鴉雀無聲，當時他正在述說的，正是自己的童年往事。

他說：「當時全家因貧困而斷炊後，即使在極度困窘的

境況下，我的母親也不曾對信仰產生動搖。她總是哼唱著古老的聖詩《和耶穌做朋友》，在窄小的屋子裡忙碌地工作著。母親經常安靜而詳和地告訴父親和我們：『上帝會賜給我們食物的。』使我們寬心不少。我從來沒有空著肚子睡覺的記憶，也許是母親堅強的信念真的傳遞給了上帝。非常奇怪，就像是奇蹟一樣，我們總能在關鍵的時候獲得必需的滿足。」

在如此困頓的遭遇中，戴爾的母親從不怨聲載道，而是平靜樂觀地對待一切，這也影響了戴爾和其他的孩子們，最終一家人平靜地度過了那段最困頓的時期。只要心裡存著屹立不搖的信念和良好的心態，環境條件再惡劣，最終都能獲得善果，戴爾母親平和的思考方式，最終帶著他們戰勝了困難，也超越了自己。

這個故事證明了，不論多麼艱苦、多麼困難的問題，都要堅守內心的平靜，因為它會決定你的未來。

有一個看起來總是很不快樂的孩子。他說：「我的鼻子太大，鼻頭又肥又紅，不用化妝就像小丑一樣。我的成績總是吊車尾，爸爸失業好久了，媽媽身體那麼差，家裡再沒有收入，我看我也不可能繼續升學了，該怎麼辦呢？想到這些我就開心

不起來。」

　　其實，長相是上天註定的，不管喜歡不喜歡，都是父母辛苦生給你的；學業成績的好壞，也無法急於一時，你再不快樂也改變不了事實；老爸失業想必他自己也不願意，況且未必一輩子都會這樣下去；老媽身體不舒服，那就應該趕快去看醫生；至於自己則應該學會「接受」，先接受眼前的一切，再平靜分析，然後想辦法解決問題。

　　遇到挫折時進行平靜分析，從客觀、主觀、目標、環境因素找出受挫的原因，採取有效的補救措施。要知道社會是由各式各樣的因素所組成，有光明面，也有陰暗面；有好人，但也有壞人。所以不能用太過理想化的眼光看待社會，要明白這個世界就是不平等的，不能用自己的標準去衡量它的公平性，而應面對社會，承認差別，努力縮小自己與別人的差距。總之，要平靜面對現實，平靜對待挫折，才可以不斷超越自我，實現夢想。

　　訓練自己平靜看待一切：遇到挫折，應先從自省開始尋找原因，要堅信「人無完人」，每個人都有長短處，只要積極有為，用自己的長處彌補短處，永遠做好準備，等待機會到來。

不要再暗地裡自我比較，別老是擔心自己不如別人，要愛自己，帶著自強、自信、自立的心態，否則很容易就演變成自卑心理。

就算非和別人比較不可，那也要知己知彼，才能知道這樣的比較是否有意義。例如：兩個人能力、知識和投入的時間是否一樣，如果不同，這樣的比較就不需要太過在意勝負。有了這個前提，得失心也就不會過重，事前不容易緊張，也不至於因為輸了而傷心失望。

遇事不慌亂是必須經過自我訓練才會擁有的能力，平靜地面對困難，平靜地思考問題，困難將更容易迎刃而解，處於隨時隨刻都在變化的社會中，才更容易脫穎而出！

這種處變不驚的平靜心態並非一朝一夕可以促成，因此在孩子小時候每次面臨困難時，都要先引導他心情平靜後再解決問題，漸漸養成面對難題時的正確態度和解決方式。

22

選擇積極
正面的態度

有著積極心態的人就像太陽，照到哪裡就為哪裡帶來光亮；相反地，總是懷抱消極心態的人就像月亮，初一十五不一樣。

有位秀才第三次進京趕考，應考期間投宿在一個經常住的旅店裡。考試前兩天他做了三個夢：第一個夢是夢到自己在牆上種白菜；第二個夢是下雨天，他戴了斗笠還打傘；第三個夢

是夢到跟心愛的表妹脫光了衣服躺在一起，但是背靠著背。

這三個夢似乎頗有深意，秀才第二天就趕緊去找算命師解夢。算命師一聽大驚，欲言又止地跟秀才說：「你還是回家吧。你想想，高牆上種菜不是白費勁嗎？戴斗笠又打雨傘豈不是多此一舉？跟表妹都脫光了躺在一張床上，卻背靠著背，不是擺明了沒戲唱？」

秀才一聽，心灰意冷，回到旅店收拾包袱準備回家。店小二覺得非常奇怪，便問：「不是明天才要考試嗎，怎麼你今天就回鄉啦？」

秀才便將算命師的話如此這般地說了一番。

店小二一聽可樂了：「喲，我也會解夢的。我倒覺得，你這次一定要留下來。你想想，牆上種菜可不是高種『高中』嗎？戴斗笠打傘說的是你這次有備無患。至於跟你表妹脫光了背靠背躺在床上，意思不是說你翻身的時候就要到了？」

秀才一聽，覺得更有道理，於是精神一振，當晚好好睡了一夜，隔日便興奮地參加考試去了，放榜後竟然中了探花。

有著積極心態的人就像太陽，照到哪裡就為哪裡帶來光亮；相反地，總是懷抱消極心態的人就像月亮，初一十五不一樣。

PART 4
創造美好未來一定要做的事

心態決定我們要過什麼樣的生活，抱持什麼心態，就迎接什麼樣的未來。

積極者知道自己的目標，所以就算是身處逆境，也只會更加激發他們的鬥志，使他們更加堅強。他們喜歡接受挑戰，從不退縮，並常常藉著挑戰來磨礪自己的鬥志。

造物者創造人類，就給予了我們能夠控制情緒的能力。如果你能好好發揮這項能力，那麼你就會養成積極心態；相反的，如果你隱藏起了這項能力，不常去使用它，那麼你就很可能會變成一個悲觀厭世者，一個總是處於低靡情緒的人。

應該可以說，沒有一個人不喜歡與心態積極的人相處，讓他們的快樂天性感染自己，喜歡有他們的熱情環繞。積極的性格像是另一項生活必需品，受到所有人的追求。

你也許已經明白，積極心態就是一個人運用自己的創意想像，不斷地努力使自己生活在積極、輕鬆、愉悅的氣氛之中。積極者總是把問題往好的方面想，對世間的一切問題總是從光明面出發，用好的答案去解釋，所以對他們而言人生總是如此快樂，世界上所有一切都是美好的。

南山腳下有一座寺廟，廟的周圍除了雜草叢生的荒地外，

什麼也沒有。因為寺廟周圍環境荒涼，香火也總是無法興盛起來，原來在這裡掛單的和尚也漸漸轉往別的寺廟去了。

過了不知多久，廟裡來了一位雙目失明的和尚，並住了下來。有一回，他偶然間聽到住持因為這間廟的淒清，對著周圍的荒地歎息。

從那以後，失明和尚在誦讀經書之餘，便扛起鋤頭摸索地在周圍的荒地上拓荒，一鋤一鋤地翻地，一粒一粒地播下花種。就這樣日復一日，從沒有荒廢過。

在別人的嘲笑中，種子發了芽，長了莖，綠了葉，開了花。隔年春天開始，一年四季，寺廟周圍總有花兒在陽光和微風中搖曳著萬種風情，香氣四溢。寺廟因此逐漸興旺了起來。

過去嘲笑失明和尚的人，都愛上了寺廟周圍的風光，紛紛謝謝和尚的辛勤照顧花草。但雙目失明的和尚心裡卻很平靜，他知道，無論鮮花有多美麗，他都看不見。他只想告訴世人：這個世界上從不存在荒地，除非他的心靈已雜草叢生。所以，魅力也許就是一種心態而已，積極心態者可以樂觀地預見未來，所以他們有無窮的力量朝著已預見的方向努力，並實現它。

烏鴉和喜鵲各佔一個山頭作為領地，烏鴉的山頭長滿各種

各樣的奇花異草，遠遠望去，是一座十分美麗的大花園。而喜鵲的山頭則長著各種樹木，綠樹成蔭，十分壯觀。

烏鴉時常望著喜鵲住著的山頭想：還是喜鵲那邊好，我這座山頭全是亂七八糟的草，沒有一棵可以成材的樹木。反過來，喜鵲也老是望著烏鴉的山頭想：烏鴉的山頭真美，我這邊全是硬邦邦的大樹，一點也不溫馨。

於是烏鴉提出要和喜鵲交換居住的地方，這個想法當然正中喜鵲下懷，牠們一拍即合，順利地交換了領地。

彼此講好後，烏鴉立刻興奮地飛到了喜鵲的領地。一開始所有的事物都非常新鮮，但過沒多久，烏鴉便發現了新領地的不足，這裡沒花沒草，實在太單調了。烏鴉很快就後悔了。

另一廂，喜鵲飛到烏鴉的領地後，一開始也感到很滿意，過幾天後卻發現怎麼找都找不到高大的樹木棲身，幾天來都睡不好，難受極了。喜鵲也後悔了。

為了不讓對方發現自己後悔，喜鵲和烏鴉白天裝著很快樂的樣子，晚上卻飽受失眠之苦，疲憊不堪。等時間一久，牠們都發現了彼此真正的處境，但卻誰也不肯先低頭，就這樣一輩子住在別人的家裡，痛苦也伴隨了牠們一輩子。

人生路上晴時多雲偶陣雨，生活上、工作上、感情上總是會有些不順心的事發生，須要的時候換個心態風景自然不同。抱持著積極的心態，就會得到奮進的力量。然而悲觀厭世者卻往往太容易放棄自己的意志，不相信只要積極努力，就可以實現自己的目標。世間的一切在他們眼前總是黑暗的，大部分時間裡，他們都生活在沉重的負擔之中，做任何事情都不如意，最後導致他們不願意付出努力。

命運往往跟著我們預想的途徑走，如果凡事都用消極悲觀的態度來對待，認定周圍總是充斥著一群不懷好意的人，他們總是輕視你，甚至欺騙、傷害你，那麼這一切最終就有可能成為現實。相反地，當你願意把自己心裡所有的負面情緒統統拋開，抱持積極、樂觀的態度投入生活，堅信自己能夠達到既定的目標，那麼你最終就會獲得成功。記住，你的思想、感情都是由自己支配的，你選擇了一種想法，也就意味著選擇了一種命運。

擁有積極心態的人非常瞭解自己對目標的追求，他們喜歡接受挑戰，從不退縮，就算逆境就在他們眼前，也只會更加激發鬥志，令他們更加堅定。

　　積極心態就像是人們隨身攜帶的加油站，但卻不是與生俱來的。孩子不可能因父母期望他們快樂，就自然而然地學會體驗快樂，他們的快樂也不一定是因為充沛的物質滿足。所以，這方面需要父母的培養和精神上的支持，才能養成隨時保持積極心態的好習慣。

　　父母應重視家庭中輕鬆的氛圍，在父母把握大方向的前提下，盡可能給孩子更多的選擇，盡量避免事事以自己的喜惡去強求一致。儘管有時孩子所作的選擇可能會導致痛苦，但他們從中「悟」出的道理，卻是過度保護的環境下不可能體會的。每一對父母都應該清醒認識到自己不可能一輩子保護孩子，終究他們都要獨自步入社會，建立自己的人脈，而父母與其他人的交往模式，比如：熱情好客、誠懇寬容，就會對孩子產生同樣正面的影響。

23

許一個願
並努力去實現

　　沒有一顆心會因為追求夢想而受傷。當你真心渴望某樣東西時，整個宇宙都會聯合起來幫助你完成！

　　願望，是每個人心底最美麗的祕密，當你為實現願望而付諸行動時，一個「痛並快樂」的旅程就展現在你的眼前……

　　還記得上一次過生日時許下的三個願望嗎？如果你沒有許

願，或根本忘了曾經許下的願望，那麼提醒你：趕快再許個願，讓美夢有機會成真。

不一定要在過生日那天才能許願，當你有一個強烈的念頭，願意傾一生之力，去實現、去完成時，就可以許下你的願望。

薛瓦勒是一個鄉村的郵差，雖然他的工作很辛苦，薪水也很微薄，但是他每天仍然勤勤懇懇地工作，信件總是能及時送達人們的手中。

有一天，他在山路上被一塊石頭絆倒了，他發現絆倒他的石頭形狀很特別，於是便順手把石頭放進自己的郵包裡。

當他一如往常將信送到村民手上時，人們發現他的郵包裡除了信之外，還有一塊沉甸甸的石頭。大家都覺得很奇怪，便問他為什麼要帶著這麼重的石頭送信。薛瓦勒取出那塊石頭，向人們炫耀：「你們看啊，這是一塊多麼美麗的石頭啊，它的形狀這麼特別，你們以前一定都沒有見過這樣的石頭。」

人們聽到他這麼說，便開始笑他：「這樣的石頭山上到處都是，你帶著這麼重的石頭到處走多累啊，不如把它扔了吧。如果你喜歡這樣的石頭，一整座山讓你撿一輩子都撿不完了。」

　　薛瓦勒不理會人們的取笑，怎樣也不肯扔掉那塊美麗的石頭。他晚上回到家，躺在床上，腦海裡忽然冒出一個念頭：要是我能夠用這塊美麗的石頭建造一座城堡，那該有多美啊！

　　從那以後，薛瓦勒每天除了送信之外，都會帶回一塊石頭。過了不久，他就收集了一大堆千姿百態的石頭。但要拿來建造一座城堡，這些石頭還遠遠不夠啊。

　　薛瓦勒意識到，每天只收集一塊石頭，速度太慢了。於是，他開始用獨輪車送信，這樣每天送完信以後，他還可以順便繞到山上推回一車子的石頭。

　　薛瓦勒的行為在人們眼中看來簡直是瘋了，無論是他的石頭還是他的城堡，都受到了輕蔑的眼光與嘲笑，但他絲毫沒有理會這些譏諷的目光。

　　就這樣過了二十多年，薛瓦勒每一天送信之餘，仍然重複著找石頭、運石頭和搭建城堡的工作，在他的住處周圍，漸漸出現了一座又一座的城堡，錯落有致，風格各異。有清真寺式的，有印度神廟式的，有基督教堂式的……

　　1905 年，薛瓦勒的城堡被法國一家報社的記者發現了，記者撰寫了一篇介紹薛瓦勒城堡的文章。薛瓦勒頓時成為新聞人

物，許多人都慕名前來觀賞他的城堡，甚至連當時最有聲望的畢卡索大師都專程趕來參觀。

如今，薛瓦勒的城堡已經成為法國最著名的風景旅遊點之一，被命名為「郵差薛瓦勒之理想宮」。據說，城堡入口處就是當年絆倒薛瓦勒的那塊石頭，石頭上還刻著一句話：我想知道一塊有了願望的石頭能夠走多遠。

你的心能夠走多遠，你的腳就能夠走多遠。如果你把自己的心靈禁錮起來，你的腳步也就會跟著停滯不前。很多時候，別人的看法並不重要，重要的是你的選擇。世上沒有做不到的事，只有不敢去設想所以不能實現的願望。

叔本華對「願望」的闡釋可謂精闢獨到：「人生，就是願望與成真之間的輪替，若沒有這樣的輪替，人就會空虛厭倦，痛苦貧窮。生命就是一團欲望，欲望不滿足便空虛，滿足便無聊，人生就是在空虛與無聊之間徘徊。」只有肯為自己許願的人，才會對未來有美好的憧憬；也只有用心盼望的人，能夠享受「如願以償」的快樂。

千萬不要擔心說出自己的願望會被取笑，也不要顧慮萬一將來做不到，會很沒有面子。當說出自己的夢想、許下願望，

人們才會知道如何幫助你達成。

就算有人要說風涼話、扯後腿，他們這些心懷不軌的人，最後都會敗在你的決心中。只要你的意志堅定，只要你付出足夠努力，所有的阻礙終將節節敗退。而你，最後一定會贏得夢想、實現願望。

人間有三苦：

一苦是，得不到，所以痛苦。

二苦是，付出了許多代價得到了，卻不過如此，所以痛苦。

三苦是，輕易放棄了，之後卻發現它在你生命中原來那麼重要，所以痛苦。

還好，人間還有三樂：

一樂是，得到了，所以快樂。

二樂是，付出了許多代價最終得到了，證明它是值得的，所以快樂。

三樂是，很快地放棄沒有必要的負擔，所以快樂。

人間三苦三樂，是我們常有的體驗。許多人都曾因為得到而快樂，也曾因為失去而難過。實現願望和丟棄夢想就是這樣一個得與失的過程，它貫穿著你的一生。

PART 4
創造美好未來一定要做的事

在一本名為《牧羊少年奇幻之旅》的暢銷書中有句話說：「沒有一顆心會因為追求夢想而受傷。」「當你真心渴望某樣東西時，整個宇宙都會聯合起來幫助你完成！」

「我怎麼可能會得到那麼好的成果，連想都不敢想！」說這種話的人不是謙虛，就是很沒有志氣。活在缺乏夢想、沒有願望的人生，真的很沒有意思，絕對不會絢麗多彩。你怎麼可能指望一個對未來沒有任何期待的人，會活得精彩。

你的願望是什麼？告訴你的孩子，使他對自己的未來也充滿想像，充滿思索，然後鼓勵孩子許下屬於他自己的各種願望，經過努力去實現它們，藉此體驗生活的樂趣！

24

學會
獨立思考人生

無論身處在什麼環境，都要保持自己獨立思考的習慣，這將對於決定事業方向產生極大的幫助。

有一位著名的作家到了一所偏遠的山區學校向師生們講授自己的寫作心得，由於他淵博的知識與和藹可親的處世方式，受到大家的熱烈歡迎。到了他必須要離開的那一天，許多學生

都依依不捨，他十分感動並答應學生：下次再來時，只要他們能夠將自己的課桌椅及周圍環境收拾得乾淨整潔，他將送給該名學生一件珍貴的禮物。

這位作家離去後，每逢星期一的早晨，所有的學生都會將自己的桌面收拾得乾乾淨淨，因為星期一是作家說過他會前來拜訪的日子，只是，不能確定會在哪一個星期一的早晨到來。

其中有一名女學生一心想得到這位作家的珍貴禮物，生怕作家會臨時在星期一以外的日子帶著禮物突然來訪。於是，每天早上，她都會將自己的桌椅收拾得乾淨整潔。

但往往上午收拾妥當的桌面，到了下午又是一片凌亂，這位女學生又擔心作家會在下午到來，於是，便在每天下午再收拾一次。但是，她想想又覺得不安，如果這位受大家尊敬的作家在一個小時後突然出現在教室，也許會看見自己的桌面凌亂不堪，便決定每次課間休息都要把自己的桌子整理一番。最終，她如願以償地獲得了這位著名作家贈送的珍貴禮物——一套精美的世界名著。

很多人認為，讓自己靜下心來進行獨立的思考，是一件很枯燥無聊的事情。所以，在處理問題的時候，養成了盲目隨便

的習慣。慣於這樣做的結果，導致在工作和生活中都失去了敏銳的判斷力。

在全世界 IBM 員工的桌上，都擺著一塊金屬板，上面寫著「Think」（想）。這個字是 IBM 創始人華特森提出的。

有一天，寒風刺骨，陰雨霏霏，華特森一大早就主持了一項銷售會議。會議一直進行到下午，氣氛沉悶，無人發言，大家逐漸顯得焦躁不安。突然，華特森在黑板上寫了一個很大的「Think」，然後對大家說：「我們都缺少的是，對每一個問題充分地進行思考，別忘了，我們都是靠腦筋賺薪水的。」從此，「Think」成為了華特森和公司的座右銘。

人類的腦細胞約有 165 億個，一般人只用了不到 1000 萬個，專家認為人一生最少也要用到十分之一，所以我們真應該多動動腦，好好地去思考。

獨立自主就是指在思考、創造或各種活動中，不依賴、不追隨別人，能夠獨立地進行活動。獨立自主地思考是健康人格的表現之一，它對孩子的生活、學習品質以及孩子成年後事業的成功、家庭生活的美滿，都具有非常重要的影響力。

一個缺乏獨立思考的頭腦，只能根據別人的看法來辨別是

非，按照別人的想法來為人處事，結果喪失了獨立的個性，影響了自己的工作和事業。

在很多年前，有一對住在偏僻鄉村的父子，趕著一頭驢子到市集上去。半路上突然聽到路人在笑他們傻，放著驢不騎，卻趕著驢子走。父親覺得有理，就讓兒子騎上了驢子，自己牽著驢子步行。

沒走多遠，又有人在旁竊竊私語：「怎麼兒子騎驢，卻讓老父親走路呢？」父親聽了，趕忙讓兒子下來，自己騎到了驢子身上。

走不多遠，又有人批評說：「看看這個父親，也不懂得心疼自己的兒子，只顧自己坐在驢背上舒舒服服的趕路。」父親想，這可怎麼辦是好呢？乾脆兩個人都騎到驢背上吧。

結果又有人為驢子打抱不平了：「天下竟然有這麼狠心的人，那頭瘦驢都快被壓死了！」父子倆臉上一陣青一陣紅，索性把驢子綁在長棍上，兩人抬著走……

有許多人經常犯這樣的錯誤：在做人處事時沒有自己的主張，不會獨立思考，常常拘泥於他人的看法，人云亦云，終於最後自己把自己給毀了。

再忙，也要一起陪孩子完成的**34**件事

　　在職場中經常發生一些問題，若要做到百分之百完全服從上司，就必須以放棄獨立思考為代價，而一個無法對工作做出正確判斷的人，即使對上司再謙恭服從，也難逃被辭退的命運。因為沒有一個企業會需要毫無主見的「應聲蟲」。所以，無論身處在什麼環境，都要保持自己獨立思考的習慣，這將對事業方向的決定產生極大的幫助。

　　有一頭熊自覺頭腦不夠好，便找到狐狸，對牠說：「咳，狐狸，聽說你的腦袋是出了名的反應快，那麼，你想個辦法給我一個富有想像力的腦子吧。」

　　狐狸打算戲耍熊，便回答說：「我不確定可以做到，不過試一試無妨。」

　　牠們來到田邊，狐狸對熊說：「看到田裡的稻苗了嗎？有種魔法，如果你去讓它們長快一點，對你而言可是大有神益的。」熊於是照狐狸的話，興沖沖跑到田裡把每一株稻苗都拔出來一點。

　　接著，他們來到河邊，狐狸指著水下的礫石說：「注意到沒有，那便是著名的智慧種子，如果你能讓它們生根發芽，將受益無窮。」於是熊淌進水裡，雙手撈起石塊，拿到河邊深深

埋進土裡。

「要等到什麼時候,這些魔法才能開始產生效力?」熊迫不及待地問。

「不會很久,」狐狸回答說,「只要拔出的稻苗長出稻穗,埋下的石頭能夠開花結果,你就是森林裡最聰明的動物了。」熊對此深信不疑,從此,牠每天都要跑去看稻苗與石頭成長的狀況。

結果,被拔出一點的稻苗永遠也長不出稻穗,埋在土裡的石頭更加不可能會開花結果。當然,不肯動腦筋的熊,也永遠成不了森林裡最聰明的動物。

其實要變聰明並不難,俗話說:「腦子越用越靈光」,只有學會獨立思考,才會越來越聰明。像熊那樣不動腦子,整天只希望找到一條變聰明的捷徑,那樣的人最容易上當受騙。

做人要有獨立思考的精神,這樣才能對自己的人生做出正確的判斷,而不是在關鍵時刻喪失自己的主見,隨波逐流,屈從於他人的意見。有句俗語說「三思而後行」,意思就是說:思考是我們工作和事業的指南。

懶於思考的人,往往隨波逐流,一生也不會有多大的成就。

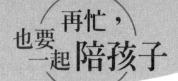

如果你自己就是一個處處依賴他人，對什麼事都拿不定主意、動不動就尋求幫助的人，那也別想指望孩子能夠獨立自主。

　　如果你能從自己做起，當孩子的榜樣，這樣的力量更加無窮。你的一舉一動，還有你的品德，都是孩子模仿和學習的榜樣。所以，先從你自己的獨立自主做起吧！

25

喚醒孩子
心中的巨人

好習慣可以隨時激發無盡的潛能，保持生命的活躍狀態，而不至於在無所事事中趨於平庸和頹廢。

喚醒孩子心中的巨人，激發孩子的潛能是每個家長的責任和義務。教育的核心是培養健康的人格，而健康人格的核心正是自信與自尊。

喚醒孩子對成功的嚮往是一種藝術，被歸類為「問題孩子」的孩子們，常常都有一段被冤枉的歷史。反覆失敗的孩子可能會越來越差，反覆成功的孩子則可能會越來越好。教育就是要讓孩子不斷體驗到成功的快樂。

孩子的正常發展涉獵到三個方面：

♠ 一、發展

要以發展的觀點看待孩子的成功，讓從來沒有體驗到成功快樂的孩子們體驗反覆成功的快樂，藉此喚醒孩子心中沉睡已久的自信與自尊，瞭解到孩子在原有的基礎上得到發展就是成功。所以，每一個人都是成功者。從生理學的角度上來說，精子及卵子得以成功結合，要經歷過許多的考驗，最健康的精子及卵子才可以發育成胚胎，所以每一個人的誕生都是千辛萬苦的成功歷程。「只要比上次多考一分，就是進步！就是成功！」這樣才能幫助孩子看見不斷發展的自我，以及自己美好的未來。

♠ 二、選擇

成功其實是可以選擇的，選擇適合自己發展的道路。教育就應該給孩子選擇的機會，單一標準的教育系統很難發現孩子真正的個性與才能，更別說適當加以發展了。天才之所以出現，

恰恰是因為他們選擇了最適合自己發展的路，破解了成功教育的奧祕，所以說教育的本質其實就是要喚醒孩子心中的自信與自尊，選擇成功就是選擇適合自己的發展道路。

♠ 三、和諧

成功需要和諧。從表象來看，每個孩子都要與周圍的環境和諧共處，要懂得理解、懂得真愛、懷抱希望。使孩子心中充滿自信與自尊，使他們克服心理和精神上的自卑與自棄，才有機會獲得成功。

對孩子的教育，就像前面所說的「發展、選擇、和諧」，要不斷激發孩子深藏在內的潛力，喚醒身體內的力量。

一位名叫史蒂文的美國人，他因一次意外導致雙腿無法行走，已經依靠輪椅生活了二十年。他覺得自己的人生沒有了意義，喝酒成了他忘記愁悶和打發時間的最好方式。

有一天，他跟平常一樣從酒館出來，也一樣坐在自己的輪椅上慢慢滑回家，不料竟碰上三個劫匪要搶他的錢包。他拚命吶喊、拚命反抗，被逼急了的劫匪竟然放火燒他的輪椅。

輪椅很快燃燒起來了，求生的慾望讓史蒂文忘了自己的雙腿不能行走，他從輪椅上站起來，一口氣跑過一條街。事後，

史蒂文說：「如果當時我不逃，就必然被燒死。我忘了一切，一躍而起，拚命逃走。當我終於停下腳步後，才發現自己竟然可以行走了。」現在，史蒂文已經找到了一份工作，他身體健康，與正常人一樣行走，並到處旅遊。

一雙二十年來無法動彈的腿，處於危在旦夕的關頭竟然站了起來。這不禁讓我們產生疑問：到底是什麼因素使得史蒂文瞬間產生這種「超越自我的力量」的呢？顯然，這並不僅僅是身體的本能反應，還涉及到人在關鍵時刻所爆發出的巨大精神力量。

著名作家柯林·威爾森曾用富有激情的筆調寫道：「在我們的潛意識中，支配日常生活行為的地方，有一個『過剩能量儲藏箱』，存放著準備使用的能量，那就好像人存在銀行帳戶中的錢一樣，當我們需要使用的時候，就可以派上用場。」

有一個數據讓我們驚異地發現，絕大部分正常人只運用了自身潛藏能力的百分之十。所以，我們可以這麼說，每個人都有一座「潛能金礦」等待被挖掘。有些家長可能會問，到底要怎樣才能成功挖掘自己的潛能呢？

PART 4
創造美好未來一定要做的事

♠ 一、要學會正確的態度

潛能需要被激發，而激發潛能的行為是一個過程。在這個過程中，很多因素會影響我們是否能順利進行這項工作，能否擁有正確的態度就是其中一個關鍵因素。

很多孩子明知自己不會比其他孩子笨，但當他們遭逢失敗時，就會歸咎於自己的能力不行，即使取得了好成績，也只認為是自己運氣好。這會讓孩子們不是感到自卑，就是心存僥倖，卻一直缺乏著學習的積極性，不願再投入更多的時間和精力。這種學習上的消極態度使孩子們忽視了自己也有很多未被利用的智力潛能。

積極態度，是每個人都需要學會的。當成績獲得進步時，可以將其歸功於「自己的努力」，這樣會激發自己想取得進一步成功的慾望和繼續努力的動力，也可以把這些進步當作能力的肯定，產生滿足感，增強成功的信心。

就算偶有失敗，也大可輕輕一笑，將失敗歸因於任務太重或運氣不好，這樣既可為自己「開脫」，使自己獲得心理平衡，也能鼓勵自己更加努力，並克服困難。不過，切不可因此對今後的學習產生「靠運氣」的僥倖心理。

再忙，
也要
一起陪孩子
完成的 **34** 件事

♠ **二、要養成良好的習慣**

　　習慣就像一個能量調節器，好習慣使我們的潛能自發地指引思維和行為朝成功的方向前進，壞習慣則反之。好習慣會激發成功所必需的潛能，壞習慣則總是腐蝕有助於我們成功的潛能寶庫。

　　溫水煮青蛙是一個為人們所熟知的實驗：青蛙突然被丟進滾燙的開水中，牠會迅速地跳出來，但若把青蛙放在冷水中慢慢加熱，牠會很安逸地在鐵鍋裡游泳，直到最後被燙死在裡面。其實，人很多時候就像青蛙那樣，沉湎於逐漸變熱的水，被壞習慣所捆綁、蠶食。更可怕的是，甚至連我們自己也不知道自己身上有多少致命的壞習慣。

　　現在很多孩子習慣回到家就立刻打開電視，不知不覺地，在感官的愉悅中產生了惰性，失去了學習的動力。有的孩子則凡事依賴父母，在父母的溺愛中失去了獨立自主的慾望。還有的人在考試高分的膚淺滿足中，失去了分析和獨立思考的能力……這一切，都是阻礙孩子在成功路上釋放潛能的「慢性毒藥」。

　　不妨試著選一個靜謐的夜晚與孩子坐在一起，用一張紙把

PART 4
創造美好未來一定要做的事

自己和孩子通常會出現的思維方式和行為習慣紀錄下來，然後依好習慣、壞習慣進行分類。也許，你會驚訝地發現，自己原來有那麼多壞習慣而不自知。

要養成好習慣，就必須從破除這些壞習慣開始。有了良好的習慣，可以訓練自己不要像那隻被放在冷水裡面煮的青蛙一般安逸於現狀，隨時因為被激發的無盡潛能，保持生命的活躍狀態，而不至於在無所事事中趨於平庸和頹廢。

再忙,
也要
一起陪孩子

完成的 **34** 件事

PART 5

充實豐富生命一定要做的事

　　生命就是一個過程，人生不是一支短短的蠟燭，而是一支由我們暫時拿著的火炬，我們一定要把它燃得旺盛。

26

至少
培養一種興趣

不管你對孩子的興趣抱持什麼態度，你都要以極大的熱情去支持，使興趣發展成為一種能力。

廣泛的興趣、愛好，對人一生的影響是巨大的。幾乎每個人都有自己的愛好，和自己擅長的事情，從琴棋書畫到養花種草，甚至和朋友相聚小酌一番也算得上是愛好。

　　嗜好是一個人的樂趣所在。為了自己的嗜好，有人捨得花錢，也捨得投入時間和精力，有的人為了嗜好甚至到了廢寢忘食的地步。對這些人而言，嗜好就像是他們的第二生命，若誰敢輕易影響他們嗜好的進行，輕則惹人嫌，重則是怒氣相向。尊重別人的嗜好，可以贏得別人的尊重。常言所說的志趣相投，就是指因為興趣、愛好接近，所以相處起來如魚得水。

　　想像力是維持激情的能量，行動則是實踐激情的動力。物理學家普朗克描述他最初被物理學吸引的時刻：當時教導他的老師以一個故事來帶領學生瞭解能量守恆定律：「一個水泥匠辛辛苦苦地把一塊沉重的磚頭扛上了屋頂，他扛磚時用的力氣沒有消失，而是原封不動地被貯存了起來。直到多年後的某一天，這塊磚鬆動了，這時貯存多年的能量再度出現，這個力量使磚頭落在下面經過的路人頭上。」原本枯燥乏味的物理學世界，因為老師生動的描述，變成了一種由神祕法則所籠罩著，令人恐懼、震顫、興奮又嚮往的世界。

　　嗜好是你度過閒暇時間的有趣方式，也是你尋求樂趣的活動之一。它就像一個你自己選擇的特殊朋友，無時無刻吸引著你，你也喜歡它，願意為它花費精力。「迷失」，有時是種很

棒的感覺，當你發現有件事情可以讓你全神貫注，千萬別錯過了。

　　無論你住在什麼地方，有沒有特殊興趣和技能，你都會找到一種適合自己特點的愛好。也許只是收集鈕扣、書籍、郵票、岩石、礦物、蝴蝶標本、貝殼、布娃娃、明信片、扇子或古董等，都是收藏迷們喜歡的重點。如果你喜歡自己動手做，那麼可以試試看串珠、皮革工藝品或各式模型。也許你的愛好是創造性的工作，像繪畫、泥塑或肥皂雕刻。要是你有戶外活動的愛好，可以去划船或徒步旅行。

　　假如你真的被一種嗜好所吸引，這個嗜好也許會伴隨你的一生。富蘭克林‧羅斯福畢生都在集郵。持續一種嗜好有你意想不到的好處：看看自己的全部收藏成果，你會感覺到所有結果都是自己努力而來的滿足感 ── 自己做的模型或自己花時間織出來的圍巾，會使你感到自豪。你還會發現，當你醉心於某種嗜好時，即使只有獨自一人也不會感到寂寞。更別說鑽研一項嗜好也常常使你無意中學到許多知識。

　　當你決定持續進行感興趣的嗜好時，它會時時給你快樂，並引導著你走向充滿希望、富有創造性的未來。

PART 5
充實豐富生命一定要做的事

　　健康的興趣，可以使人感受到生活的色彩，增加生活的樂趣；可以陶冶性情，提高文化素養，有助於精神和心理的健康，事業的成功。嗜好更可以給人們帶來娛樂、友誼和知識；有利於病體康復，身體機能強健。

　　在現實生活中，雖然有很多父母已經注意到，培養孩子擁有多種興趣是多麼重要。但不可否認的是，大部分家長或許是因為舊有教育思想的關係，仍然按照自己的想法和喜好，為孩子安排未來發展的道路。強迫孩子放棄自己喜歡的事情，阻斷了孩子興趣愛好的萌芽。

　　有一個小女孩，偶然發現蚯蚓斷成兩半後，竟然兩截都在蠕動，她因此感到非常好奇。她把斷了的蚯蚓分別放進兩個有土的花盆裡，想觀察一下斷了的蚯蚓還能不能活下來。沒料到，女孩的媽媽非常生氣地說：「一個女孩子，在這邊玩什麼泥巴，髒死了！」隨後，媽媽就把有蚯蚓的兩塊泥巴扔出了門去。

　　面對孩子興趣啟蒙，媽媽卻以「小女生就應該乾乾淨淨，做點像女孩子該做的事」為由，強制阻止了孩子的觀察、探索行為。這位媽媽也許不會想到，她這樣一罵、一扔，很有可能就此斷送了一位女科學家的誕生。

再忙，也要一起陪孩子完成的 **34** 件事

作為父母，除了欣賞孩子的興趣，還要善於發現孩子的潛能。並且，不管你對孩子的興趣抱持什麼態度，你都要以極大的熱情去支持，使興趣發展成為一種能力。

那麼，該如何做才正確呢？

♠ 方法一：尊重並支持孩子的興趣

想培養孩子擁有多重興趣愛好、開發多重智能，父母首先應當做到的就是尊重他的興趣，使孩子得到適當的滿足。

例如，如果女兒喜歡抓蝴蝶，父母就不妨為她準備一支捕蝶網，和她一起到郊外去抓蝴蝶，並趁此機會教她一些有關蝴蝶或其他昆蟲的知識。回家之後，父母還可以和她一起學習把蝴蝶製成標本的方法，然後一起對標本進行分類、存檔。有機會的話，幫她找一些有關蝴蝶的書籍。說不定，正是在這個過程中，你造就了一位未來的昆蟲學家。

♠ 方法二：在孩子需要的時候出手幫忙

孩子的興趣得以持續，離不開家長的支持鼓勵。很多情況是這樣的，孩子剛開始可能對某件事情非常感興趣，可是時間一長就會覺得枯燥乏味，這時就需要家長從旁支持，特別是在遇到困難時，要和孩子一起去克服、渡過難關。

PART 5
充實豐富生命一定要做的事

　　孩子就像一棵幼苗，在成長的過程中難免會遇到困難、挫折。這時，父母就應像幼苗旁依附著的小竹筷，在孩子遇到困難、挫折的時候，幫助他、鼓勵他、教會他如何戰勝困難，使他能順利而健康地成長。

　　培養孩子的興趣，最好用誘導的方式去激發。比如培養孩子識字的興趣，你可以利用小孩子喜歡故事的特點，為孩子買一些有文字提示的圖畫故事書。讓孩子一邊聽故事一邊看書，並且告訴孩子這些好聽的故事都是用書中的文字編寫的，引發孩子識字的興趣，學會認一些簡單的文字，使孩子從有趣的識字活動中培養興趣。

27

清掃生命，
掌握取捨的藝術

　　明白的人懂得放棄，真情的人懂得犧牲，幸福的人懂得超越！安於一份放棄，固守一份超脫，這就是人生。

　　「捨得」的一個新解是：有捨才有得，想要得到就要先捨去。在歐洲，有個流傳很廣的寓言故事，大意是說，為了得到一根鐵釘，我們失去了一塊馬蹄；為了得到一塊馬蹄鐵，我們

失去了一匹駿馬；為了得到一匹駿馬，我們失去一名騎手；為了得到一名騎手，我們失去了一場戰爭的勝利。這個寓言所表達的，正是不懂及早放棄最後釀成惡果的教訓。

一隻狐狸被獵人所設的補獸夾套住了一隻腳，百般掙脫無效之下，牠竟然毫不遲疑地咬斷了那隻小腿，然後逃命去了。放棄一隻腿而保全一條命，確實具有驚人的魄力。人生亦應如此，如果生活強迫我們必須付出慘痛的代價，主動放棄眼前利益，將眼光放遠，保全長遠利益可能就是最明智的選擇。古代智者告誡我們：「兩害相權取其輕，兩利相衡取其重。」趨利避害以免因小失大，這也正是放棄的藝術。

有捨才有得，放棄是獲得的前提，懂得放棄的人，才能獲得成功。放棄那些干擾我們前進的因素，放棄那些不可能實現的妄想，放棄那些我們為之付出極大的努力仍無成果的目標。放棄那些該放棄的一切，然後輕裝上陣，安然等待生活的轉機。放棄，並非是無所追求，而是為了不讓那些無關緊要的枯枝敗葉、魔光幻影遮蔽我們的視線，使我們失去前進的方向；放棄，不是無端地逃避現實，而是為了在大千世界裡，準確定位人生目標，找尋人生的真諦，彈奏生命之中所蘊涵著質樸和諧的音

再忙，也要一起陪孩子完成的 **34** 件事

符；放棄，更不是自暴自棄，不是背叛生命固有的執著，而是在迂迴中認清自己，為了那份藏於心底的執著而放開步伐大步飛躍，這是激盪靈魂、成長心靈的飛躍。

父親為小明帶來一則消息，某一知名跨國公司正在招聘電腦網路工程師，錄用後薪水自然是豐厚的。因為這家公司很有發展潛力，近些年新推出的產品在市場上十分受歡迎，所以在職業經歷上更是加分。

小明當然很想到這家公司上班，可是在學校的專職技能培訓上了一年多，就快要結業了，要是真的放棄最後的課程到這家公司上班，好不容易快結業的課程就白上了，連結業證書都拿不到。

小明非常猶豫，父親知道後卻笑了，說要跟小明一起玩個遊戲。他把剛買的兩個大西瓜放在小明面前，要小明先抱起一個，然後要他再抱起另一個。小明瞪大了眼說：「爸，我一次抱不起兩個大西瓜呀！抱一個已經夠重了，兩個根本是不可能的吧！」

「如果，你一定要把第二個西瓜抱住呢？」父親追問。小明愣了楞，還是想不出來該怎麼辦。

父親嘆了口氣：「唉，你不能把手上的那個放下來嗎？」小明恍然大悟。

「是呀，放下手上那一個，不就能抱起另一個了嗎！」小明這麼做了。

父親提醒小明說：「這兩個選擇總得放棄一個，才能獲得另一個，就看你自己怎麼選擇了。」小明想了一想，下定決心選擇了到那家公司去上班，放棄了最後的培訓課程。後來，小明果然如願以償，成為那家跨國公司的正式職員。

放棄，也是一種成本，經濟學上稱其為機會成本。在做出某個選擇的時候，實際上，也是投入了這一機會成本，不懂得放棄或是什麼都不想放棄，那又何來心想事成，夢想成真呢！法國一家報紙刊登了一個智力競賽題目：

如果羅浮宮失火，當時情況只可能救一幅畫，那麼你救哪一幅？

多數人都說要救達文西的傳世之作 ——《蒙娜麗莎的微笑》。結果，在成千上萬的回答中，法國電影史上佔有重要地位的著名作家，貝爾特以最佳答案贏得金獎。他的回答是：「我救離出口最近的那幅畫。」

　　這個故事說明一個道理，成功的最佳目標不是最有價值的那個，而是最有可能實現的那個。在人生的路上，放棄什麼，選擇什麼，都是一門藝術。

　　有時，放棄就是獲得。培育孩子也是同樣的道理，什麼都想學，往往什麼都學不精；什麼都想得到，往往得不償失。你到底要什麼？這是所有的父母和孩子都必須認真思考的問題。

　　孫先生是一所中學的教務主任，他的女兒也在這所學校上學，但由於學習基礎較差，成績一直都在中下程度。為此孫先生壓力很大，認為自己很沒面子，便一再對女兒施壓。女兒學習興趣因此越來越低落，孫先生幾度產生為女兒辦理轉學的念頭。

　　終於熬到畢業了，高中聯考時，她堅決要報考職業學校，父女倆為這件事產生了激烈的衝突。是尊重女兒的選擇，還是堅持自己的想法？在這場痛苦的抉擇面前，父親最終選擇了前者。女兒進入了她理想的職業學校。

　　殊不知，情況發生了意想不到的變化。女兒上職校後，學習興趣高昂，在班上名列前茅，進入了社團，還當了社長。女兒的變化，讓父親吃驚。他本以為女兒在自己身邊就近看管，

能夠得到更多的關照。卻忽略了身邊有一個當教務主任的爸爸對女兒而言，不但沒有好處，反而還成了壓力與負擔。離開父親這棵大樹，她反而找到了自我，找到了目標。

對此女兒終於說出了自己的感受：「我和爸爸在同一個學校時，我的心裡一直很壓抑。別的同學沒考好，老師和同學們都不會說什麼，我要是沒考好，老師和同學就會用異樣的眼光看我，好像在說：『主任的孩子還考不好？』別的同學去補習，老師說：『他真好學』；我去補習，同學們會說：『老師偏心主任的孩子』。我很委屈，好像天天生活在爸爸的陰影中，於是我下決心離開他。高中聯考時，我故意報考職業學校，避開高中，這樣省得父母勸我考慮直升本校高中。我知道爸爸心裡不同意，但他還是給我支持，我想他心裡壓力一定也很大，爸爸願意支持我，我心裡很感動，所以決心給爸爸一個驚喜。」

「來到職業學校，我好像一下子解放了。我覺得我和別的同學一樣生活在陽光下。我沒有了壓力，因為誰也不認識我，不知道我是主任的孩子。我心裡輕鬆極了，只想好好上學認真學習，我再也不說我不行了。說來也怪，我的成績很快的變好了，而且進入社團擔任了社長，我因此更加有自信，做什麼都

力爭上游勇往直前。我爸看起來很高興，說我進步神速。我說這是：『天生我才必有用。』現在我已經考上了大學。」

　　這位明智的父親告訴我們一個人生道理：人要學會「捨得」，不能企盼「全得」。擁有的時候，我們也許正在失去，而放棄的時候，我們或許重新獲得。明白的人懂得放棄，真情的人懂得犧牲，幸福的人懂得超越！安於一份放棄，固守一份超脫，這就是人生。

28

帶孩子體驗
長途旅行

世界就像一本書，沒有真正去旅行過的人只讀到了最前面那一頁。

在科技日新月異的今天，我們可以輕易欣賞到各地美景的精彩影片，但是身歷其境的奇妙感覺卻是只可意會不可言傳的。媒體傳播產業的進步，只是進一步對人類引介，並令人們對實

地旅遊更加嚮往而已。埃及的金字塔是世界奇觀之一，如果僅僅欣賞圖片而沒有親自去體驗，看到的只是一個巨大的石堆而已，無論多詳細的導覽圖片，都無法表達金字塔裡所蘊含的人文藝術。傳播媒體的功能，其實就是一本世界導覽而已，告訴人們這個世界有許多的美食等著老饕們一一品嚐，啟發人們夢想環遊世界的志願。

聖奧古斯丁曾說過：「世界就像一本書，沒有真正去旅行過的人只讀到了最前面那一頁。」每一次旅行，都是心靈的歷險、文化的探索、歷史的追尋。在我們所處的世界中，有許多地方，都在等待你的到來。像現代文明的發源地倫敦、時尚名城巴黎、古典與宗教之都羅馬、冰火交會有如史詩的古城耶路撒冷、見證印度國王沙賈汗愛情的泰姬瑪哈陵、還有太空中唯一肉眼可見的古中國萬里長城……走進這些充滿歷史軌跡的人間勝地，我們可以感受到靈魂深處的顫慄，為現代生活節奏所壓抑的心靈因為親自感受過時間的巨流，而不再為眼前的小事所執著，因此得到撫慰、安寧和滿足。

熟悉的地方很難有初見面的感動。一成不變的日子裡，不會有令人感動的風景迎面而來；瑣碎的生活中，心底的激情找

PART 5
充實豐富生命一定要做的事

不到燃點。而旅程卻可以重新燃起熱情，你的精神因此振奮。在旅途中，每天都有新的世界在等著你去發現，去尋找。神祕的藝術、偉大的建築、充滿異國風情的音樂舞蹈、變幻萬千的風景，還有那麼多來自異地他鄉的新朋友，這是一種多麼刺激的生活方式！

也許你會抱怨，因為太多的生活羈絆，使你無法實現走遍世界每一個角落的夢想，但是請不要灰心，因為你就是自己的主人，只要為自己設計一個充滿創意魅力的旅遊計劃，即使是短短的週末出遊也都能充滿驚喜。

其實在我們所處的世界中，有許多美麗的角落靜靜地豎立在地平線上，這些地方的價值不在其物質的豐盈，而在於厚實的文化蘊含。漫遊世界的真正目的，正是心靈的平靜。

如果您正處身強體壯之年，別讓自己的腳步停留在灰暗喧囂的城市裡，更別讓自己的身心禁錮在永無休止的工作中。帶著孩子從小就開始環遊世界的旅程，不僅是孩子，就連父母都會發現，世界真的好偉大，生活可以如此自由美好，禁錮在自己思想的角落，多麼可惜。

世界上隨時都有從一地趕往另一地的旅客，他們想趁著空

再忙，也要一起陪孩子完成的 34 件事

檔去探訪新奇的大千世界。如果是自助旅行，事前記得要多瞭解收集目的地的歷史人文資料，在親眼見到景物的當下，你會有更多的感動。如果是參團旅遊，仔細聽導遊講解，引導孩子主動提問，也能獲益匪淺。

雖然在異鄉的土地上只是驚鴻一瞥，卻可以豐富談話的內容，開闊自己的視野。旅程結束回到家裡，帶著孩子紀錄下旅程點滴，並貼上照片佐證，讓親身的體驗變成永恆的回憶。

事物的豐富多彩往往在細微末節展現無遺，所以觀賞景物，應該在每一細部上稍作停留，然後再用整體的眼光去欣賞。一般的旅遊，經常無法做到如此深度的停留，經常必須在限定時間內完成一個行程，然後繼續趕往下一個目標。所以，住在充滿文化氣息的城市裡是幸福的，比如：住在希臘的居民們可以像欣賞掛在家裡的畫一樣，天天欣賞四處錯落的歷史古蹟。

旅行應是一次只走一小段路，不時停下來再次觀察不同角度所呈現的新風貌。帶著孩子一起這樣做吧，觀察的角度一變，一切就會跟著變化，而得到的收益勝過走一百里路。

進一步說，隨著人們真正學會觀察事物，平淡無奇的景色也會蘊藏無窮的快樂。就像無論在什麼地方，只要一抬頭人們

PART 5
充實豐富生命一定要做的事

都可以欣賞到星空的美。

　　一個人走過的路越多，他的生命就越精彩。旅行是多麼令人精神振奮啊！新的世界每天都在等著你去發掘、去尋找，無論是藝術、建築，還是富有情調的音樂舞蹈、變幻的風景都在等著你親自體驗，更別說隨處都可以遇見新的朋友，這是一種多麼刺激的生活方式啊！

　　也許我們改變不了周圍的環境，但可以改變自己；我們改變不了過去，但可以改變現在；我們改變不了生命的長度，但可以改變生命的寬度。如果說人生是一段旅程，起點是生，終點是死，那麼，那種永不放棄的發現與尋找就是最美麗的過程。

　　如果你和孩子已經選擇了旅行的目的地，就帶著孩子收拾起行囊，離家遠行，從尋找的過程中享受這個不同的世界吧！

29

走出城市，
聆聽大自然

「仁者樂山，智者樂水」，古往今來大自然總是充滿生機和啟迪。

身處於熙熙攘攘的城市中，經年累月呼吸著懸浮在空氣中的工業污染和混濁的汽車廢氣，日復一日地穿梭游離於高樓林立的夾縫間，為生活，為事業，為信念，一方面終日忙忙碌碌，

不厭其煩，另一方面卻又常常不堪其擾，不得其所。

走出城市，回歸自然，遠遊到戶外，聆聽大自然的聲音，在山光水色之中，感悟自然界的遼遠、曠達、美麗、和諧……已成為現代人自我心理調節的有效方式之一。

你是否愛極了陶淵明那種任由紅塵滾滾，我自清風朗月的灑脫情懷？在讀到他的「採菊東籬下，悠然見南山。山氣日夕佳，飛鳥相與還。此中有真意，欲辯已忘言。」這段逍遙風雅的文字時，總是不由自主地魂不守舍，心馳神往。恨不能立刻丟掉所有的包袱，卸下中規中矩的西裝革履，換上輕便舒適的球鞋短褲，全心地融入清曠的青山綠水之中吧。

古時文人曾用這句禪意十足的話描繪山水與人生知、行、得三重境界：

先是看山是山，看水是水；

再來是看山不是山，看水不是水；

最後，看山還是山，看水還是水。

究竟有多少人能夠在這三重境界裡獲得修煉印證，誰都不得而知。但要堅信，在踏遍千山萬水，經歷了大自然一次又一次的雨露滋潤後，眾多平凡的人們，心中也一定會生出與文人

墨客一樣的感受。置身在禪意盎然的風景中，一顆被生活的激流所污染的心開始變得純潔，臉上僵硬的肌肉跟著柔和下來。而且你會突然感到，平日你所習慣的五光十色都市生活，這時候卻變得黯淡無光。和自然相比，無論人類有多偉大的發明，都相形失色。

　　神奇的自然界，給予了人類太多的思考與感動。漫漫人生路，飄忽天地間。如果這世界上真的有著人類孜孜以求的理想天國，它一定隱藏在連綿起伏、重重疊疊的千山萬壑中，隱藏在入禪人的心裡。

　　「青山相待，白雲相愛，夢不到紫羅袍共黃金帶。一茅齋，野花開，管甚誰家興廢誰成敗，陋巷單瓢亦樂哉。貧，氣不改！達，志不改！」無論是誰，倘若擁有了詩中這種安貧樂道，不畏權貴，不為富貴、貧窮所困的從容境界，也就真正領悟了大自然的本質與可貴，也就真正在青山、綠水、白雲、野花等自然景觀中，為自己尋覓到了心靈的皈依。

　　每個孩子都要從小培養這種超然的享受。等到長大才想尋找，很難再有這種心境了。所以春暖花開的世界，帶著你的孩子去踏青，可以有以下好處：

PART 5
充實豐富生命一定要做的事

　　一、大自然天地廣闊，陽光充足，空氣新鮮，孩子在大自然中遊玩，有利於孩子的身心發育。

　　二、大自然是一座知識寶庫，孩子置身於大自然中可以學到無數的知識，包括樹木花卉，鳥蟲魚獸，太陽、月亮和星星等等，孩子在學知識的過程中，提出一個又一個的為什麼，耐心回答有助於孩子的好奇心和探索的願望。

　　三、春暖花開的季節裡，大自然萬象更新，樹木披上了綠裝，地上長出了嫩草，各種花兒競相開放，爭奇鬥艷，美不勝收，此時帶孩子踏青，不僅可以使孩子身心愉悅，充分領略大自然的美景，而且還可以培養孩子的觀察力，在觀察的過程中找出春季各種景物的變化。

　　就這樣，讓我們跟著以下步驟，一步一步來吧：

　　一、準備工作。踏青前應和孩子商量到什麼地方去，最好選擇景物特徵比較明顯的地方。準備一些乾糧和水果，以便中途飢餓或口渴時可以吃。自己開車的話，也可準備好小魚網、小水桶，隨時可以停在山邊的小溪旁撈撈小魚小蝦。還可隨車帶著羽毛球、小足球等，在野外隨時提供使用。

　　踏青前一天晚上可不能太晚睡喔，足夠的睡眠才能提供第

二天充沛的精力。

　　二、過程中要啟發孩子提問，讓孩子發現大自然的美，發現春季自然界的變化。比如說家長可提出這樣的問題：「春天到了，樹上、地上有什麼變化？」「太陽照在身上感覺跟冬天有什麼不同？」「人們穿的服飾有沒有變化？」等，培養孩子觀察季節變換的過程。

　　三、踏青過程中要注意運動與休息。孩子走累時，應讓他進行適當地休息，吃一點乾糧、水果，補充一點能量。如果和孩子一起進行活動，也應注意運動量，以免孩子過度疲勞。

　　四、活動結束啟程回家的路上，可以和孩子進行談話，引導孩子說說此次出遊所見所聞及其自己的感受，有助於發展其口語表達能力。另外，買美勞用品給孩子，並引導他表達對春天的認識，如畫出春季的景觀，折出春天的花草，用泥塑雕出春天的蟲鳥等等，這將有助於培養孩子的藝術素養。

　　心動了嗎？現在就去準備吧！

PART 5
充實豐富生命一定要做的事

30

拜訪鄉間
體驗另一種生活

帶著孩子去郊外漫步，放下所有的俗世雜念，用心去聆聽大自然的聲音，你們會得到徹底的放鬆。

陶淵明的《歸田園居》：「少無適俗韻，性本愛丘山。誤落塵網中，一去三十年。羈鳥戀舊林，池魚思故淵。開荒南野際，守拙歸園田。方宅十餘畝，草屋八九間。榆柳蔭後簷，桃

再忙，也要一起陪孩子完成的 **34** 件事

李羅堂前。曖曖遠人村，依依墟裡煙。狗吠深巷中，雞鳴桑樹顛。戶庭無塵雜，虛室有餘閒。久在樊籠裡，復得返自然。」這首詩似乎在我們眼前展開了一幅恬靜優美的鄉村生活景象，無人不嚮往！

大部分孩子都沒有農村生活的經歷，除非是自己本身就住在農村裡。孩子們只知道牛奶來自於乳牛，雞蛋來自於母雞，羊毛是從綿羊身上剪下來的，但是當他們在喝牛奶、吃煎蛋或是穿羊毛衣的時候，並沒有同時意識到這一點。他們可能知道蔬菜水果是土壤裡長出來的，卻不明白栽種水果和蔬菜的過程。很多孩子曾經在電視上看過或在書中讀過公雞會在早上啼叫，但卻不相信這件事真的每天都還在農村裡週而復始地發生著。

如果你發現孩子不太清楚牛奶是如何生產出來的，那麼就用一個下午的時間帶你的孩子去參觀牧場。也許在工作人員的幫助下，親自體驗餵乳牛以及擠奶的工作；也可以帶孩子去養雞場，親自在雞籠裡撿起一顆雞蛋；還可以帶孩子去果園，看看水果還沒成熟的模樣，親手摘一些水果帶回家。

這樣的參觀活動會給你的孩子很多親身感觸，讓他真正明白他平時吃的東西是怎樣生產出來的。你可以和孩子討論那些

在農村學到的知識。

　　如果你想帶著孩子體驗不同的生活，當然也可以安排去農村度假。這樣不僅可以遠離喧鬧的城市，還可以讓孩子學到很多的知識。很多大城市的郊區就有這種農家兼營的民宿，提供房間和早餐，也允許孩子們幫忙撿雞蛋，為乳牛擠奶或是騎小馬。如果你的故鄉就是農村，那更可以讓孩子到親戚家過暑假，體驗真正的農村生活，他會學到更多的知識，見識與都市裡截然不同的生活。

　　現代人總是缺乏獨處的機會，因為他們總是有太多的事情要做。但忙碌的生活過久了，偶爾也會想：如果擺脫工作，擺脫雜務，獨自一個人發呆一段時間，會是什麼樣的感覺呢？

　　你是否總是這樣想著，如果可以獨自一人，不受干擾地做自己的事，沒有義務，沒有責任，只有寧靜、輕鬆和舒適，這樣好像是很愉快的事情吧。但事實是，當我們真的有這樣一段時間，反而會因為害怕孤單而急著想回到忙碌的環境中。我們會忘記也會原諒一切的不耐煩，出自真心地想念天天忙碌的生活。忙慣的人往往害怕清閒，覺得這根本不是享受，而是恐怖的安靜。甚至還有人會胡思亂想，想到高興的事還好，如果想

再忙，也要一起陪孩子 完成的 34 件事

到不愉快的事，很可能會立即陷入憂鬱。如果身邊還沒有一個可以傾訴的人，說不定會放棄生命。

有的人非常害怕孤單，只有單獨一人時，總是迫不及待地找事情來做，如果沒有人陪伴，就找可以陪伴自己的東西，打開電視，或者打開收音機，找一本書來讀，要不然就是馬上抓起電話，找朋友聊天。因為只有這樣，我們才能不讓腦子空閒下來，這樣的獨處，還不如沒有。

所以我們要學會跟自己相處，享受孤獨的人往往也是幸福的。獨處的關鍵在於明白要用什麼來填充孤獨的空間，在只有自己一人的時間裡，最好的辦法就是進行有關人生境界的靜悟、學習和修養，它會使我們的心靈洗去骯髒的塵埃和瑣雜的慾念，歸於大自然的純淨開朗和沉靜輕鬆。這是一種多麼有益的生活啊！

不要試圖在家裡尋找孤獨，因為這裡根本沒有孤獨。既使家人都不在，你也故意斷絕了一切對外的聯繫，但你眼睛所看到的和耳朵所聽到的，都是熟悉的東西，這會引起你對過去瑣事的回憶。

真正要體驗孤獨的滋味，就應該到陌生的、僻靜的地方，

不要有引人入勝的美景，只是一片簡單的藍天、曠野，就是最佳的選擇。那麼就獨自來到郊區的曠野吧，一切就如我們所想像的，即使荒郊野外中有一些天籟之音，也不影響我們傾聽自己的心跳。這時候，整個人都會輕鬆下來，真的可以什麼都不想，體驗「天人合一」的境界。

有一首詩，抒發的是獨自山行的時候，心中種種奇妙的感動：

見了你朝霞的顏色，便感到我落月的沉哀，卻似曉天的雲片，煩怨飄上我心來。可是不聽你啼鳥的嬌音，我就要像流水地嗚咽，卻似凝露的山花，我不禁地淚珠盈睫。我們行在微茫的山徑，讓夢香吹上了征衣，和那朝霞，和那啼鳥，和你不盡的纏綿意。

有空的時候，不妨帶著孩子去郊外漫步，放下所有的俗世雜念，用心去聆聽大自然的聲音，你們會得到徹底的放鬆，也會對生命對生活有一種全新的體會。

31
記錄
美好人生回憶

　　不要用市場的眼光看待你的人生。人生的價值，應該是一個人心中先有了最好的眼光，才可以看到真正的人生價值。

您有沒有試過翻開塵封多年的相簿，裡面的照片都是些極其平凡的事物，有些甚至連焦距都沒有對好。為什麼還會有人想要收藏這些照片呢？因為，這些模糊的照片真實地反映了孩子眼

中的生活。

　　買一台操作簡便的照相機，捕捉生活中的每個瞬間。而且如果相片拍得不好，或是孩子所期待的結果沒有出現，他還有機會再試一次，重新捕捉畫面。

　　鼓勵你的孩子隨身帶著相機。這樣一來，不管你帶他去哪裡，他都隨時可以為任何東西拍照。比如說：晚飯後爸爸收拾餐具；毛絨動物和娃娃整齊地坐在沙發上；媽媽在陽台上晒衣服；自己的臥室；好朋友專注地在做事情；一隻小貓在陽光下睡覺；小妹妹坐在兒童便盆上；小狗在吃晚餐；大哥哥做作業；鄉間遊玩時遇見母牛在田裡吃草；一群鴿子在屋簷上站著左顧右盼；蒲公英在公園裡生長……每一個瞬間都是美好生活的紀念。

　　鼓勵孩子製作一部幻燈片，記錄他美好的人生。就從剛出生開始，隨著年齡增長，將一張張照片放入幻燈片中，慢慢增加。等到孩子年紀大一點，學會打字後，鼓勵他在幻燈片裡加入一些文字描述。

　　在家族聚會開心聊天的夜晚，請親朋好友一同欣賞孩子的作品。或是到了孩子的畢業典禮、成果展的場合，也可以拿出來放映。這樣的經歷和儀式，可以告訴孩子欣賞自己、欣賞生

活是多麼重要的一件事！

有個小沙彌天天跟在師父身邊問同樣的問題：「師父啊，什麼是人生真正的價值？」師父被問得煩透了。

某天，師父從房間裡拿出一塊石頭，對他說：「你把這塊石頭拿到市場去賣，但不要真的賣掉，只要有人出價就好了，看看人們肯出多少錢買這塊石頭。」

小沙彌於是帶著石頭來到市場，有的人說這塊石頭很大，很好看，就出價兩塊錢；有人說這塊石頭可以做秤砣，出價10塊錢。結果大家七嘴八舌，最高也只出到了10塊錢。

小沙彌很開心地回去告訴師父：「這塊沒用的石頭，還可以賣到10塊錢，真該把它賣了。」

師父說：「先不要賣，把它拿到黃金市場去叫賣看看，也不要真的賣掉。」

小沙彌就把這塊石頭拿到黃金市場，一開始就有人出價千元，第二個人出價萬元，最後有人出到10萬元。小沙彌興沖沖地跑回去，向師父報告這個不可思議的結果。

師父對他說：「把石頭拿到最昂貴、最高級的珠寶商場去估價。」

　　小沙彌去了。第一個開價就是 10 萬，但他不賣，於是 20 萬，30 萬，一直加到後來對方生氣了，要小沙彌自己出價。

　　小沙彌對買家說，師父不許他賣。

　　小沙彌把石頭帶了回去，對師父說：「這塊石頭居然被出價到數十萬。」

　　師父說：「是呀！我現在不能教你人生的價值，因為你一直在用市場的眼光看待你的人生。人生的價值，應該是一個人心中先有了最好的眼光，才可以看到真正的人生價值。」

　　一個人的價值，不在於外來的評價，而是在於自己給自己的定價。每一個人的價值都是絕對的。堅持自己崇高的價值，接納自己，磨礪自己。給自己成長的空間，每個人都能成為「無價之寶」。

　　沒有哪一種生物會自認為沒有價值、低人一等。水仙絕不會環顧花園想道：「我不如其他水仙漂亮。」臭鼬也絕不會羨慕其他的臭鼬說：「看牠找到多大的食物啊！我從來不及牠幸運。」鳥兒絕不會棲息在樹枝上，聆聽其他的鳥兒歌唱，然後歎息說：「我還是閉上嘴吧！我的歌聲永遠不如牠的動聽。」

　　任何生物都有其價值，有其重要性和貢獻。愛默生曾說：

再忙，也要一起陪孩子完成的 **34** 件事

「什麼是野草？就是還沒有發現用處的植物。」每一株水仙、每一隻臭鼬、每一隻鳴鳥 —— 甚至每一根雜草，都以各種不同的美麗方式，展現其潛能。每一種生物都有自己的表情、香氣、能力、技巧、歌曲。只有人類會因為缺乏自信而折磨自己。記住，要學會欣賞自己。

當我們學會欣賞自己了以後，會得到別人更多的欣賞。不要想著怎麼成為別人喜歡的樣子，要先成為你自己喜歡的樣子。你喜歡一個不由自主、毫無選擇能力、只能被迫愛你的人；還是一個有很多選擇，卻「選擇」愛你的人呢？哪一種方式更令你感動？你的選擇也就是每一個人的選擇。

和孩子一起，將你們欣賞的生活、工作、視野還有自己的人生，都以影像記錄下來，留作美好人生的註腳！

32

共同製作
一本成長手冊

　　請為你的孩子記下成長手冊吧，當孩子的人生路逐漸展開之後，把這份成長手冊交給他，讓愛和祝福伴他一生。

「偶爾摔一跤並不可笑，可笑的是每一次都在同一個地方摔倒。」人不怕犯錯誤，關鍵是要知錯能改。我們對所犯的每一次錯誤都要去分析，要做記錄，避免下次重蹈覆轍。這樣一來，

錯誤才會變成經驗。時間一久，你會發現這些經驗，比最後的結果還要寶貴。人生也是這樣，需要記錄、分析、還有回憶……

有沒有想過，為你的孩子製作一份成長手冊，從他睜開眼睛的那一刻，叫第一聲爸媽，邁開人生第一步，每一次哭泣，每一次歡笑等等，記錄下他的每一個第一次。在孩子的 10 歲生日上，把這份成長手冊送給他，讓他從 10 歲起，接下去為自己的人生作紀錄，去體會生命的珍貴。

當你面對自己純真無暇的孩子時，看著孩子酣然入睡，愛憐地親吻孩子的額頭時，是否想起，多年前你的父母親，也正如你這般年輕優雅，她也經常那樣深深地看著你，在你的額頭，輕輕一吻，伴你進入甜蜜的夢鄉呢？當年父母親辛苦地教會你如何生活，而今，你是否也能夠給孩子同樣的成長過程呢？

一位著名的作家在她的自傳裡寫道：10 歲生日那天，昏暗的油燈點亮了小屋，母親的臉更顯倦黃。當她要去鄰家玩耍時，母親叫住了她。「有樣東西要給你。」母親很嚴肅的說。

在母親把那藍布包打開之前，她怎麼也猜不出裡面有什麼。在她的記憶中，生日與平日的區別就是晚餐時碗裡會多一個水煮蛋。窮人家的孩子，還能希求什麼呢？

　　靜默中母親將那藍布包慢慢打開了，出現在她面前的是一本泛黃的本子。她依然不解地凝望著母親，母親說：「這是你的成長手冊」。

　　她更驚異了，從不記得自己的成長過程中有過什麼特別重要的事蹟可以記錄下來，每天在課餘，總是不停的工作，偶而才得以和鄰居同伴一起玩一會兒。母親當然猜到了她的心思，用更緩慢的聲調說：

　　「這是我為你記的成長手冊，從你出生的那天起，直到今天，你是老大，我總算堅持著記下來了。你的弟弟妹妹們，我實在是沒有那份精力了。現在你 10 歲了，可以自己記了，就把它交給你吧，你自己接著記下去。」

　　母親的話，很平淡，沒有多說任何所謂的人生哲理給她聽。

　　這就是母親給她的禮物，她一輩子也享用不完的珍貴禮物。在這泛黃的本子裡，母親用她那雙長滿了繭的手，用她那只上過兩年學校所識的字，一筆一畫地記下了女兒來到這個世界以來，三千多個日夜的點點滴滴。

　　當時的她，只是很隨便地翻了幾頁，就把它們放在枕頭底下。

一直到了 15 歲，她才第一次認真的將枕頭底下的成長手冊讀完，也許是到了那個年齡才對自己的成長過程產生了好奇與興趣吧。在母親所記的流水帳裡，她看到了自己是如何從一個小生命開始成長的，並為母親 10 年裡堅持紀錄成長手冊的毅力所感動。從此以後，每當心裡有煩惱時，她就會拿出成長手冊來讀。

23 歲那年，她的家裡發生了一場火災，成長手冊在大火中化為灰燼。那最純真的 10 年都化作虛無了，接下來那些混混沌沌的日子，又有什麼值得記下來的呢？

直到她的孩子出生前夕，她忽然覺得，人生還是可以得到補償的。她挺著肚子，去買了一本精裝的成長手冊，構思半天，扉頁上只留下這麼幾個字：孩子，這是媽媽給你最珍貴的禮物。

於是，每天下班後做完家事，她就伏在案前記下諸多瑣事，孩子第一次發了不同的音，做了什麼動作，生了什麼病……

也曾有過偷懶的時候，但一想起母親就又拿起了筆，彷彿見母親立在她的跟前，對她說：「還是記吧……」「一件事如果開了個頭……」

是啊，在那麼艱難的歲月裡，母親都堅持下來了……

PART 5
充實豐富生命一定要做的事

　　終於，兒子 10 歲的生日到了，一如 26 年前的母親，她把兒子叫到了跟前。

　　兒子仍沉浸在剛才與同伴們吃生日蛋糕的喜悅裡，聽到媽媽的叫喚，就問：「媽媽，妳不是說要給我生日禮物嗎？」

　　兒子拿慣了生日禮物，每年這天所有的長輩，都會買東西送給他，做父母的當然也不例外。

　　她把成長手冊放到了孩子的桌子上說：「這就是我們要送給你的生日禮物，這是你 10 年來每天的一點一滴。現在，你可以自己接著寫下去了。」

　　兒子問：「啊，就這樣啊？」

　　她沒有教訓兒子，反而溫柔地把為什麼要給他成長手冊的原因說給兒子聽。

　　兒子只是站在一旁，許久沒有說話，待了一會兒，兒子突然向她行了個舉手禮，說了句「謝謝媽媽」，就小心地收起成長手冊，跑到自己的房間裡去了。

　　她想起了故鄉蒼老的母親，淚水再也止不住。桌前的枱燈在淚光中變得模糊起來。26 年前母親送給她的成長手冊，教會了她如何去磨練恆心與毅力，如何去愛別人愛世界愛人生，那

再忙，
也要一起陪孩子
完成的 **34** 件事

是她一生也享用不盡的財富。雖然本子已經沒有了，但留在心底的東西，是永遠也磨滅不了的。

　　請為你的孩子記下成長手冊吧，當成長手冊逐漸變厚的時候，孩子的人生路也逐漸展開，那麼，就把這份成長手冊交給他，讓愛和祝福伴他一生。

33

參加一次
遊行狂歡活動

　　人生需要一些叛逆、激情和探險，一味地順從、壓抑就會漸漸迷失、消耗了自己。人就是要有叛逆性，否則一生都睜不開眼睛。

　　人生需要一些叛逆、激情和探險，在生活中，一味地順從、壓抑就會漸漸迷失、消耗了自己；也許因為順從、消磨，也就

錯過了真正的愛人，埋沒了真正的潛力，失去了真正的幸福。人就是要有叛逆性，否則一生都睜不開眼睛？

　　人生也應該有夢，夢引領著我們一天天長大。如果沒有夢，那就好像一直生活在今天，只能面對眼前的事實，難以發展。如果每個人從小就帶著一個夢，不論他遇到什麼事情，都沒有放棄，直到老年。這個夢，就給了他一生的勇氣和力量。

　　人生總要找自己的方向，有了夢想就等於找到了方向，有了方向便是莫大的幸運。有夢想的人，明天拉著今天輕快前行；沒有夢想的，昨天拖著今天蹣跚前進。

　　比爾‧蓋茲認為：生意人不能墨守成規，應該具有叛逆精神。他說：「真正成功的商人，在本質上是一個永遠的異議份子，是個叛徒，也極少對現況滿足，不喜歡維持現狀。只有不斷尋找成功的最佳辦法，開拓新的領域，才能創造成功和財富。」「順從的人，墨守成規的人，不敢冒險的人，根本不可能成功。」

　　這裡的道理很清楚：走人家走過的路就沒有所謂創造可言，打破既有的模式才是創新。所以，儘管誰都希望獲得成功，但成功卻只屬於有叛逆精神的人。換句話說，沒有叛逆精神就只能隨著別人起舞，順從環境變化，生活在別人限定的世界裡。

他們無法透視未來，無法看到明天。

所以說，蓋茲是「叛逆」精神的典型代表。在獲取教訓之後的每一個關鍵時刻，他都能承受得住外在壓力，甚至在極為孤立的情況下，做出明智選擇，這不是一般人能做到的。所以，他和一般人也就有了不同點。

沒有反叛的否定，就沒有創造可言。儒勒・凡爾納是十九世紀法國作家，著名的科幻小說和冒險小說作家，被譽為「科學幻想小說之父」，曾寫過《海底兩萬里》等著名書籍。他八歲時就讀於巴黎桑班女士經營的學校。桑班女士是個寡婦，常常為他講述當年跟著還沒過世的水手丈夫一起旅行的故事。這些故事激起了凡爾納的冒險熱情。

他在自傳《童年和青少年時代的回憶》一書中寫到，父親把他送到寄宿學校時，他曾經試圖逃跑。當時，他用被單做了一條繩子從窗戶上吊下來，正好被一名園丁撞見。

夏爾在《凡爾納生平和作品集》一書中說，凡爾納11歲時又一次試圖逃跑。他登上一艘開往安得列斯群島的航船，目的是馬爾塞亞，他要去那裡弄一串珍珠項鏈獻給心愛的表姐。

一串珍珠項鏈在普通人看來是輕而易舉的事，凡爾納卻要

再忙，
也要一起陪孩子
完成的 **34** 件事

以探險的方式去實現它，人們可能會說這不是沒事找事嗎？但是凡爾納經探險得到的珍珠項鏈，與一般人在百貨商場裡買來的項鏈本質上已然不同：

第一，這條「探險項鏈」來之不易，不能用價格衡量，它的可貴之處在於收到項鏈的人能夠體會到贈送者的深情厚誼；

第二，在取得項鍊的過程中，探險者所經歷的是危險、艱難，當然也有美景和激情。在一切結束後，最後留在探險者身體裡的，是用於冒險的精神和潛在的創造力，而此項能力並非人人都有。

難道不是這份冒險精神成就了凡爾納這位著名的探險小說家嗎？當然人們也許會說，大多數人的正常生活都不允許隨興冒險。確實，生活都是由不起眼的小事構成的，隨著時間的推移，人的銳氣被逐漸消磨，疲憊感就會與日俱增。最後，少年的旺盛鬥志被中老年的疲憊暮氣所代替。

相對於這種倦怠的過程來說，在日常生活中尋找叛逆和激情的體驗，就成為一種重要的自救方式。

日本人總被歸類為工作狂，如何在日復一日的平凡工作中保持著滿懷的熱情，他們有一種相當不錯的手段：每天上班前，

對著鏡子自信地挺胸對自己微笑，然後大喊五聲：「我是最好的！」如此全身為之一振，每天開始的感覺也的確大不相同了。

天性自由的美國人，則善於發明各種極限運動，藉此追求娛樂無上限的刺激感，比如從百丈高崖上縱身跳下的高空彈跳，讓人體驗接近死亡的恐懼極點之後又重返人間的極度快感，並讓人從中體會到生命的美好燦爛。

有一個永恆而古老的話題：如何判斷兩個人已經相愛了。心理學家給的答案是：你們相處時，是否感受到一股激情，無論是經常都有這樣的感受，還是只有曾經偶然，激情就像一種烙印，深刻難忘；而沒有激情的經歷，就如風吹過的漣漪，稍縱即逝。

一個星期六的早晨，牧師正在準備他的佈道稿，他的妻子出去買布丁了。那時天還在下著雨，小兒子纏鬧不休，整個情境都令人感到厭倦。牧師在煩悶中拾起一本雜誌，一頁一頁地翻閱，直到翻出一幅色彩鮮艷的大圖畫 —— 世界地圖。他從雜誌上撕下那一頁，再把它撕成碎片，丟在地上，說道：「小約翰，如果你能拼起這些碎片，我就給你五美分。」

牧師以為這件事會使小約翰花費一整個上午的時間，但是

沒過五分鐘，就有人敲他的書房。門後正是他的兒子約翰。牧師驚愕地看到那些小碎片仍然捧在約翰的手中。

牧師生氣地問道：「約翰，你為何不拼好這些碎片？」

約翰說：「我為什麼要拼好這些碎片？」

牧師說：「是我要你這麼做的，我是你的父親。」

約翰說：「我覺得拼這些碎片是浪費時間，我有自己的世界，我要唱歌，而且我相信這個想法是正確的。」

牧師聽完孩子的話，眼睛一亮，說：「你已經替我想好明天的佈道內容了。你的確應該有自己的世界，我不應該把自己的想法強加給你，你去唱歌吧，孩子。」

約翰違背了父親的意願，結果如願以償地唱了一上午的歌。

一份小小的堅持，或者說一點點的叛逆，就能為自己帶來真正的歡樂時光，但現實中的我們卻經常感覺憂心忡忡、疲憊不堪，就像被鎖在一個特定框框裡的人，為了迎合莊嚴、正統而虛偽的社會風範，不惜壓抑真正的自我，每天規規矩矩、平淡無奇的度過，將生活中應有的那份瘋狂和反叛抹殺於無形中。

其實，誰都可以在無關緊要時放縱自己，可以在不同時刻

PART 5
充實豐富生命一定要做的事

不同場合，扮演不同的個性角色，尋找叛逆和激情，因為要活
出精彩。

34

拜見一位
心中景仰的名人

誰只盯著自己的食盒，誰就不懂得真正的理想。

　　每個人的心目中都有自己景仰的人，並一直以其作為榜樣或目標，時刻激勵自己前進的步伐。而通常被人當作偶像、榜樣來敬仰的人，都是在某些方面非常成功的人士，可能是一個名人。立志成為那樣的人就是自己的理想。

理想就是指人們希望達到的人生目標，以及追求嚮往的奮鬥前景。就好像一首題為《理想》的詩歌中唱道：

雞的理想是找把穀糠，鴨的理想是尋個魚塘，

牠們看見鷹在空中飛翔，就大聲猜測，吵吵嚷嚷，

雞說：「一定是雲彩上建成了糧倉！」

鴨說：「分明是銀河裡有人撒網！」

鷹笑了：「誰只盯著自己的食盒，誰就不懂得真正的理想。」

由此看來誰都有理想，而且理想應當是遠大的。之所以大家都敬仰名人，就是因為他們取得了常人不能輕易取得的成就，成為一般人奮鬥的目標。就像小草嚮往大樹的高大堅強、小溪崇拜大海的寬廣無邊一樣，就因為有了那樣的嚮往、那樣的理想，於是小草在風雨中磨礪自己，小溪繞過千山不停跋涉，只為了終有一天，小草長成高樹、小溪融入大海。

一個人抓到了一隻幼鷹，將牠養在雞籠裡。於是這隻幼鷹和雞一起啄食、嬉鬧和休息，以為自己是一隻雞。這隻鷹漸漸長大，羽翼豐滿了，主人想把牠訓練成獵鷹，可是牠已經變得和雞完全一樣，根本沒有飛的願望了。

主人試了各種辦法，都毫無效果，最後把牠帶到山頂上，一把將牠扔了出去。起先這隻鷹像塊石頭似的，直直掉下去，慌亂之中牠拚命地撲打著翅膀，就這樣，牠終於飛了起來！

這個故事告訴我們：一定要相信自己是一隻雄鷹，才有可能翱翔廣闊的天空。因此我們一定要堅信，終有一天我們會與受人敬仰的人並駕齊驅，只有這樣才會更快實現理想。

俄羅斯總統普丁小時候非常聰明，他品學兼優，常常產生一些與眾不同的想法。

有一次，老師在黑板上寫了一個作文題：《我的理想》。同學有人想當科學家、有的想當作家、有想當工程師、有想當園藝師、有想當教師、也有想當軍人、也有想跟父親一樣成為一名工人──而小普丁的腦海裡，卻有自己不同於尋常的獨特思考。

課餘時間，小普丁非常喜歡讀《盾與劍》雜誌，對裡面所描寫的 KGB 產生了濃厚的興趣。KGB 就是前蘇聯國家安全委員會的簡稱，是當時蘇聯的情報機構。從雜誌上他知道了在第二次世界大戰中，由於 KGB 準確地截取了敵人的情報，使俄軍取得了多次的勝利……。

　　普丁想：「如果可以做一名出色的間諜，用我的犧牲去換取祖國和人民的勝利，這不是非常有意義的事嗎？」

　　於是，他在作文本上寫道：「……我的理想是做一名間諜，儘管全世界人們對這個名字都不會有任何好感，但是如果從國家的利益、人民的利益出發，我覺得間諜的貢獻菲薄……」當老師打開普丁的作文本時，不禁又驚又喜，連聲讚嘆他「年紀輕輕，志氣不凡」。

　　後來，在一次參觀KGB大樓之後，普丁走進了KGB接待室。一位工作人員聽了他的要求後，對他說：「你的想法很好。但是，我們不接受主動來求職的人，只接受服過兵役或者大學畢業的人。」

　　1970年，18歲的普丁以優異的成績考入列寧格勒國立大學法律系主修國際專業。1975年，他大學一畢業就從事情報和反間諜工作，實現了自己「做一名間諜」的理想。

　　普丁小時候心中所敬仰的對象就是KGB，他的理想就是為國家和人民犧牲自己，從小樹立遠大理想的他經過不懈的努力，克服無數困難，終於成為了優秀的情報人員，實現了自己的願望，成為俄羅斯人們心目中的英雄。

如果你在為理想奮鬥的過程中，能夠有幸見到自己敬仰的名人，那祝賀你，千萬不要放棄或錯過這次機會，因為這樣的「會晤」將會帶給你無窮的力量和信念。

柴可夫斯基在第一次見到托爾斯泰後，曾激動地寫下了他當時的心情：這位最會透視人生的作家跟人相處的時候，顯得單純、直率而誠懇，一點也沒有我原先所預想的犀利眼光，跟他相處無需提防，因為他壓根兒不傷人。

很明顯：他沒有把我當做『標本』來觀察研究，而是只想跟我談談音樂。他對音樂極感興趣。托爾斯泰坐在我旁邊，聽我彈奏第一部四重奏中的行板，我看見眼淚從他的面頰流下來。對一個作曲家而言，此生或許再也得不到比這更大的滿足了。

接觸自己敬仰的名人或者接受他的鼓勵，都是我們在實現理想過程中的加油站。能夠見到心目中敬仰的名人畢竟是少數，但我們仍要為理想而努力奮鬥，不要將理想高高掛在牆上的畫框裡。

有一對兄弟，他們的家住在 80 層樓上。有一天他們外出旅行回家，發現大樓停電了！既然是長途旅行，他們當然都背著大包的行李，看來除了爬樓梯沒有什麼選擇了。於是哥哥對

弟弟説：「我們就爬樓梯上去吧！」

　　他們各自背著兩大包行李開始爬樓梯。爬到 20 樓的時候他們開始覺得累了，哥哥説：「包包太重了，不如這樣吧，我們把包包放在這裡，等電力恢復後坐電梯下來拿。」於是，他們把行李放在了 20 樓，輕鬆多了，繼續向上爬。

　　他們有説有笑地往上爬，但是好景不常，到了 40 樓，兩人實在累了。想到還只爬了一半，兩人開始互相埋怨，指責對方不注意大樓的停電公告，才會落得如此下場。他們邊吵邊爬，就這樣一路爬到了 60 樓。

　　站在 60 樓的樓梯間裡，他們累得連吵架的力氣也沒有了。弟弟對哥哥説：「我們不要吵了，爬完它吧。」於是他們默默地繼續爬樓梯，終於 80 樓到了！興奮地來到家門口，兄弟倆才發現他們的鑰匙留在了 20 樓的包包裡了……

　　尊重孩子所敬仰的名人，也會使他尊重你心中敬仰的名人，鼓勵孩子去見一見心中的偶像。因為當我們全力奔向自己的理想時，要時刻以心中敬仰的那位名人激勵自己，時刻告誡自己切記理想，否則很多人都會輕易地將青春的理想忘在 20 樓的包包裡……

培育文化 生活成長系列 56

再忙，也要一起陪孩子完成的34件事

編著　　張婉宜
責任編輯　賴美君
美術編輯　姚恩涵
封面設計　林鈺恆

出版者　培育文化事業有限公司

信箱　yungjiuh@ms45.hinet.net

地址　新北市汐止區大同路3段194號9樓之1

電話　（02）8647-3663

傳真　（02）8674-3660

劃撥帳號　18669219

總經銷：永續圖書有限公司

永續圖書線上購物網
www.foreverbooks.com.tw

法律顧問　方圓法律事務所　涂成樞律師
出版日期　2020年09月

國家圖書館出版品預行編目資料

再忙，也要一起陪孩子完成的34件事 /
張婉宜編著.-- 初版.-- 新北市：培育文化，
民109.09 面；公分.--（生活成長系列；56）
ISBN 978-986-98618-7-8(平裝)
1.親職教育 2.親子關係
528.2　　　　　　　　　　109010112

| 姓名 | | | 性別 | □男　□女 |
| 生日 | 年　　月　　日 | | 年齡 | |

住宅地址　郵遞區號□□□

| 行動電話 | | E-mail | |

學歷

□國小　　□國中　　□高中、高職　　□專科、大學以上　　□其他＿＿＿＿＿

職業

□學生　　□軍　　□公　　□教　　□工　　□商　　□金融業
□資訊業　□服務業　□傳播業　□出版業　□自由業　□其他＿＿＿＿＿

再忙，

謝謝您購買 **也要一起陪孩子完成的34件事** 與我們一起分享讀完本書後的心得。
務必留下您的基本資料及電子信箱，使用我們準備的免郵回函寄回，我們每月將
抽出一百名回函讀者，寄出精美禮物以及享有生日當月購書優惠！想知道更多更
即時的消息，歡迎加入"永續圖書粉絲團"

您也可以使用以下傳真電話或是掃描圖檔寄回本公司電子信箱，謝謝！

傳真電話：（02）8647-3660　電子信箱：　yungjiuh@ms45.hinet.net

●請針對下列各項目為本書打分數，由高至低5～1分。

　　　　　　 5 4 3 2 1　　　　　　　　　　　 5 4 3 2 1
1.內容題材　□□□□□　　　2.編排設計　□□□□□
3.封面設計　□□□□□　　　4.文字品質　□□□□□
5.圖片品質　□□□□□　　　6.裝訂印刷　□□□□□

●您購買此書的地點及店名＿＿＿＿＿＿＿＿＿＿＿＿＿＿＿＿＿＿＿＿＿＿

●您為何會購買本書？

□被文案吸引　　□喜歡封面設計　　　□親友推薦　　　□喜歡作者
□網站介紹　　　□其他＿＿＿＿＿＿＿＿＿＿＿＿＿＿＿＿＿＿＿＿＿＿＿

●您認為什麼因素會影響您購買書籍的慾望？

□價格，並且合理定價是＿＿＿＿＿＿＿＿　　□內容文字有足夠吸引力
□作者的知名度　　　　□是否為暢銷書籍　　　□封面設計、插、漫畫

●請寫下您對編輯部的期望及建議：